COLEÇÃO

IRONWORKS

COLEÇÃO
IRONWORKS

PROF. WALDEMAR MARQUES GUIMARÃES NETO

VOLUME II

LOANA MUTTONI

O SEGREDO DA BOA FORMA

Ana Paula 2008

2008

Phorte editora

Coleção Ironworks Volume II - Loana Muttoni

Rua 13 de Maio, 598 – Bela Vista – São Paulo – SP
CEP: 01327-000 – Brasil
Tel/Fax: (11) 3141-1033
Site: www.phorte.com E-mail: phorte@terra.com.br

Produção e Supervisão Editorial: Fábio Mazzonetto
Gerente Editorial: Sérgio Roberto Ferreira Batista
Editora Assistente: Waldelice Helena de Moraes Dias
Revisão: Felipe Freires
Revisão Científica: Professor Waldemar Marques Guimarães Neto, Professor Marco Aurélio Salomão Fortes, Nutricionista Rodolfo Anthero de Noronha Peres
Fotografia: Drausio Tuzzolo, José Guilherme Flenik, Luciano da Silveira, Luis carlos Castro da Silva, Scott Monroe
Capa: André Henrique Santos, Bibbo Camargo
Projeto Gráfico: André Henrique Santos
Diagramação André Henrique Santos e Ramon Rodrigues
Impressão: HR Gráfica

Esta obra foi catalogada no SNEL

ISBN 978-85-7655-149-2

Impresso no Brasil
Printed in Brazil

Phorte
editora

Rua 13 de Maio, 598 – CEP 01327-000 – Bela Vista – São Paulo – SP

Fone / Fax: (11) 3141-1033

Site: www.phorte.com

e-mail: phorte@terra.com.br

SUMÁRIO

Capítulo 4

Capítulo 5

Capítulo 6

Capítulo 7

Capítulo 1

BIOGRAFIA DE LOANA MUTTONI

Nasci na cidade de Cruzeiro, interior de São Paulo, em 1980. Sou filha de Ana e Alberto e irmã mais nova de Hernan. Passei a maior parte da minha infância no Rio Grande do Sul, em Cachoeirinha, e aos 10 anos vim para a cidade de São Paulo, onde resido até hoje.

Desde pequena tenho muita afinidade com os esportes. Pratiquei diversas modalidades esportivas, mas foi com a patinação artística no gelo que iniciei minha carreira como atleta.

Comecei a fazer aulas de patinação aos 14 anos. Um ano depois viajei para os EUA a fim de me aperfeiçoar e aprender novas técnicas; tornei-me, então, membro da Federação Americana de Patinação Artística no Gelo e tive a oportunidade de participar do primeiro

campeonato de patinação do estado de Indiana, no qual conquistei a vice-colocação.

Tendo retornado ao Brasil, continuei a treinar forte com a finalidade de participar em campeonatos de nível nacional e internacional, mas, infelizmente, não foi possível continuar o treinamento por muito tempo, pois a única pista de gelo existente no país foi fechada, já que o Brasil é um país de clima tropical, tornando esse tipo de esporte economicamente inviável.

Em contrapartida, comecei a treinar musculação para manter a musculatura e ficar em forma. Certo dia assisti pela televisão um campeonato de *fitness* e fiquei tão impressionada com os corpos e as coreografias das atletas que isso despertou em mim uma vontade imensa de tentar ser igual a elas. Pesquisei sobre essa modalidade e descobri que existem campeonatos aqui no Brasil. Foi então que iniciei o treinamento para competições.

TRAJETÓRIA NO *FITNESS*

Em janeiro de 2003, iniciei os treinamentos de preparação para as competições de *fitness*. Nesse momento estava cursando o último ano da faculdade de Administração de empresas na PUC/SP e trabalhando ao mesmo tempo no ramo. Minha rotina tornou-se bem puxada, porém a vontade de me tornar um dia uma atleta vencedora falava mais alto.

O meu estilo de vida mudou completamente. Antes era acostumada a não ter hora para me alimentar e a não escolher muito bem os alimentos que ingeria, então comecei a fazer refeições a cada 3 horas com pequenas porções com quantidades adequadas de proteína e carboidratos. Os treinos de musculação eram cada vez mais intensos e árduos, mas conciliados com uma boa dieta pude ver o meu corpo se transformar dia-a-dia, o que me motivava ainda mais.

Ao mesmo tempo iniciei a preparação coreográfica. No *fitness*, além de mostrar um corpo com musculatura densa e com baixo percentual de gordura, a atleta deve apresentar uma coreografia de até 2 minutos, com elementos de força, flexibilidade, saltos, acrobacias e soma das duas etapas, e uma apresentação com biquíni e coreográfica; o resultado final é o somatório de tudo isso.

A preparação coreográfica foi bem difícil no começo, pois tive de aprender tudo do "zero", e embora eu possuísse uma grande experiência com a patinação, o *fitness* possuía elementos completamente diferentes.

Em junho de 2003 entrei na minha primeira competição, o Campeonato Paulista de Estreantes. Era a primeira vez que me apresentava em um palco; estava tímida, nervosa, ansiosa e tudo era muito novo para mim, mas estava emocionada por estar lá, entre várias atletas, e, sobretudo, feliz por ter conseguido chegar ao corpo dos meus sonhos.

A partir deste momento não parei mais de competir. O *fitness*, desde então, tornou-se parte da minha vida, não apenas pelo fato da competição em si, mas pela filosofia de vida saudável que carrego e carregarei comigo para sempre!

Atualmente minha preparação está cada vez mais rígida e em aperfeiçoamento contínuo para as competições de nível profissional.

PERFIL

Nome: Loana Paula Muttoni
Altura: 1.58m
Peso em competição: 58kg
Peso fora de competição: 64kg
Busto: 90cm
Cintura: 68cm
Coxa: 60cm

HISTÓRICO DE COMPETIÇÕES

2003
Campeã Paulista de Estreantes Nabba – São Paulo - SP

2004
Vice Campeã Paulista Nabba – São Paulo - SP
Vice Campeã Brasileira Nabba – Natal - RN

2005
Campeã Brasileira Nabba – Belo Horizonte - MG
Campeã Mundial Nabba – Natal - RN
Campeã Universe Nabba – Southport - Inglaterra

2006
Campeã Brasileira IFBB – São Paulo - SP
4th Mundial IFBB – Santa Susanna - Espanha
Campeã Sul - Americana IFBB – Assunção - Paraguai

2003 - Round 1 Bikini -
Campeonato Paulista de
Estreantes Nabba
São Paulo (SP)

2003 - Round 2 Coreográfico -
Campeonato Paulista de Estreantes Nabba
São Paulo (SP)

2004 - Round 1 Bikini -
Campeonato Brasileiro Nabba

2004 - Round 2 Coreográfico -
Campeonato Brasileiro Nabba

2005 - Round 1 Bikini - Universe Nabba

2005 - Round 2 Coreográfico - Universe Nabba

2006 - Round 1 Bikini -
Campeonato Mundial de Fitness IFBB

2006 - Round 2 Coreográfico -
Campeonato Mundial de Fitness IFBB

Capítulo 2

PREPARANDO-SE PARA COMPETIÇÕES DE *FITNESS*

Segue abaixo um pouco da minha rotina de treinamentos.

MINHA ROTINA DE TREINAMENTO EM ÉPOCA COMPETITIVA

Treinamento muscular e coreográfico

Segunda-feira

06h30 às 7:00hs – Aerobiose em jejum
8:00 às 14:00hs – Trabalho
15:00 às 16:00hs – Treinamento específico de elementos para a coreografia (esquadros, saltos acrobáticos e pliometria)
16:00 às 16:30hs – Coreografia
17:00 às 18:00hs – Musculação: Treino de Dorsais

18:00 às 18:30hs – Aerobiose
19:00 às 21:00hs – Ginástica Olímpica

Terça-feira

06h30 às 7:00hs – Aerobiose em jejum
8:00 às 14:00hs – Trabalho
15:00 às 16:00hs – Treinamento específico de elementos para a coreografia (esquadros, saltos acrobáticos e pliometria)
17:00 às 18:00hs – Musculação: Treino de Ombro
18:00 às 18:30hs – Aerobiose
20:30 às 22:00hs – Treino de coreografia com preparador físico e coreógrafa

Quarta-feira

06h30 às 7:00hs – Aerobiose em jejum
8:00 às 14:00hs – Trabalho
15:00 às 16:00hs – Treinamento específico de elementos para a coreografia (esquadros, saltos acrobáticos e pliometria).
16:00 às 16:30hs – Coreografia
17:00 às 18:00hs – Musculação: Treino de quadríceps e glúteos

18:00 às 18:30hs – Aerobiose
19:00 às 21:00hs – Ginástica Olímpica

Quinta-feira
06h30 às 7:00hs – Aerobiose em jejum
8:00 às 14:00hs – Trabalho
15:00 às 16:00hs – Treinamento específico de elementos para a coreografia (esquadros, saltos acrobáticos e pliometria)
17:00 às 18:00hs – Musculação: Treino de Braço
18:00 às 18:30hs – Aerobiose
20h30 às 22:00hs – Treino de coreografia com preparador físico e coreógrafa

Sexta-feira
06h30 às 7:00hs – Aerobiose em jejum
8:00 às 14:00hs – Trabalho
15:00 às 16:00hs – Treinamento específico de elementos para a coreografia (esquadros, saltos acrobáticos e pliometria)
16:00 às 16:30hs – Coreografia
17:00 às 18:00hs – Musculação: Treino de quadríceps e glúteos

18:00 às 18:30hs – Aerobiose
19h00 às 21:00hs– Ginástica Olímpica

Sábado
08h30 às 9:00hs – Aerobiose em Jejum
Treino específico
Treino da coreografia

Domingo
Descanso

ALIMENTAÇÃO

Minha dieta consiste basicamente em carboidratos (aveia, arroz, massas, batatas, pães, verduras e frutas), proteínas (peixe, frango, carne vermelha magra, clara de ovo) e gorduras boas (azeite de oliva, amêndoas, castanha e a gordura dos peixes encontrada no salmão).

Na fase *off season* (período não-competitivo) procuro elevar a quantidade de carboidratos, consumir uma boa quantidade de proteínas e diminuir a ingestão de gorduras. A dieta é seguida à risca seis vezes por semana (sem consumir alimentos com açúcar ou gordurosos). Apenas um dia da semana é livre para comer à vontade, mas sempre com moderação, isso para me manter bem o ano todo.

Na fase *pre contest* (período competitivo) seleciono alguns carboidratos com índice glicêmico baixo e ingiro menor quantidade de carboidratos do que na fase *off season*, mantenho a quantidade de proteínas e as gorduras saturadas são reduzidas ao mínimo. As principais fontes de carboidrato nesta fase são o arroz e a batata doce.

A alimentação é dividida em seis refeições diárias com intervalo de, no máximo, 3 horas.

A Fase *off season* é feita durante o ano todo, visando na maioria das vezes o ganho de massa magra ou a manutenção da mesma. Já a fase *pre contest,* realizada quando faltam poucas semanas para a competição, visa a perda de gordura sem comprometer a massa magra.

Segue abaixo a minha dieta nas diferentes fases da minha preparação.

DIETA ANUAL NAS FASES PRÉ-COMPETITIVA E PREPARATÓRIA

É importante salientar que nenhuma dieta adotada deve ser considerada como algo único, eterno e padronizado. A idéia de "receita", que muitas vezes lhe é atribuída, leva a acreditar, de forma equivocada, que uma dieta pode servir para todas as pessoas, sem levar em consideração a individualidade e as necessidades de cada um. Se um indivíduo obteve êxito com um tipo de dieta, isso não significa que todos os que se dispuserem a fazê-la, o obterão. Dessa mesma forma, é errôneo pensar que, se uma dieta vem dando certo para uma pessoa, ela deverá conseqüentemente ministrá-la até o fim de seus dias. Durante a dieta, o corpo pode passar por diversas alterações, ou seja, as repostas devem ser analisadas, estudadas e traduzidas em adaptações aplicáveis à dieta. O caminho mais curto e seguro, portanto, é procurar o auxílio de um nutricionista especializado em nutrição esportiva.

A seguir um exemplo de como é minha dieta e suplementação nas fases do ano (lembro que este é apenas um exemplo de dieta). A minha dieta e suplementação são mudadas ou adaptadas dependendo dos objetivos no momento e da reposta do meu corpo.

DIETA *OFF SEASON**

Dias de Aerobiose em Jejum

(Ingerir 500ml de água antes da aerobiose)

Refeição 1

(30 min após aerobiose em jejum)

- 200 ml de extrato solúvel de soja *light* batido com 30 gramas de *Designer Whey protein* (D.N.A) + 1 banana nanica + 30 gramas de aveia em flocos
- 5 gramas de glutamina
- 2 gramas de Designer BCAAs (D.N.A)

---

* Elaborada pelo nutricionista Rodolfo Peres

Dias em que não se realiza aerobiose em jejum

Refeição 1 (Logo que acordar)

Panqueca:

- 1 ovo inteiro + 7 claras + 60 gramas de aveia em flocos + 1 banana nanica

Refeição 2

- 2 fatias de pão integral com 50 gramas de queijo tipo *cottage*
- 30 gramas de *Designer Whey Protein* batido com extrato solúvel de soja *light*

Refeição 3

- 200 gramas de arroz integral cozido
- 160 gramas de carne vermelha magra grelhada
- Porção de vegetais folhosos de coloração verde escura e temperados com 1 colher de sobremesa de azeite de oliva extra virgem
- 2 colheres de sopa cheias com legumes cozidos

Refeição 4

- 30 gramas de *Designer Whey Protein* (D.N.A) batido com 1 fruta
- 30ml de Hidro Amino 36000 (D.N.A) (antes do treino de Musculação)

Refeição 5
(Imediatamente após o treino de musculação)

- 40 gramas de *Designer Whey Protein* (D.N.A)
- 20 gramas de Dextrose (D.N.A)
- 20 gramas de Maltodextrina (D.N.A)
- 2 gramas de Designer BCAAs (D.N.A)

- 10 gramas de Glutamina
- 30ml de Hidro Amino 36000 (D.N.A)

Refeição 6

- 200 gramas de batata inglesa cozida
- 160 gramas de peito de frango cozido
- Porção de vegetais folhosos de coloração verde escura temperados com 1 colher de sobremesa de azeite de oliva extra virgem

Refeição 7

Omelete:

- 1 ovo inteiro + 6 claras + 50 gramas de queijo tipo *cottage* + vegetais à vontade

Suplementação alimentar utilizada:

- Vitaminas do complexo B
- Vitamina E
- Ácidos graxos ômega 3
- Vitamina C
- *Whey Protein*
- BCAAs
- Glutamina
- Hidro Amino 36000

Tanto no período *off season*, quanto no período *pre contest*, eu libero a dieta aos domingos, logicamente sem grandes exageros! No período de preparação para as competições, minha dieta nas primeiras seis semanas é a seguinte:

DIETA *PRE CONTEST* (FASE I)*

Dias de Aerobiose em Jejum
(Ingerir 500 ml de água antes da aerobiose)

Refeição 1
(30min após aerobiose em jejum)

- 20 gramas de mix protéico + 10 gramas de *Designer Whey Protein* (D.N.A) + 30 gramas de aveia em flocos + 1 banana nanica
- 5 gramas de glutamina
- 2 gramas de Designer BCAAs (D.N.A)
- 1 grama de HMB

Dias em que não se realiza aerobiose em jejum

Refeição 1
(Logo que acordar)
Panqueca:

- 1 ovo inteiro + 7 claras + 30 gramas de aveia em flocos + 1 banana nanica

---

* Elaborada pelo nutricionista Rodolfo Peres

Refeição 2
- 150 gramas de batata doce cozida
- 150 gramas de peito de frango cozido

Refeição 3
- 200 gramas de arroz integral cozido
- 150 gramas de peito de frango cozido
- Porção de vegetais folhosos de coloração verde escura temperados com 1 colher de sobremesa de azeite de oliva extra virgem
- 2 colheres de sopa cheias com legumes cozidos

Refeição 4
- 150 gramas de batata doce cozida
- 150 gramas de peito de frango cozido
- 30ml de Hidro Amino 36000 (D.N.A) (antes do treino de musculação)

Refeição 5
(Imediatamente após o treino de musculação)
- 40 gramas de *Designer Whey Protein* (D.N.A)
- 20 gramas de Dextrose (D.N.A)
- 2 gramas de Designer BCAAs (D.N.A)
- 10 gramas de Glutamina
- 2 gramas de HMB
- 30ml de Hidro Amino 36000 (D.N.A)

Refeição 6
- 150 gramas de batata doce cozida
- 150 gramas de peito de frango cozido
- Porção de vegetais folhosos de coloração verde escura temperados com 1 colher de sobremesa de azeite de oliva extra virgem

Refeição 7
- 150 gramas de peito de frango cozido
- Porção de vegetais folhosos de coloração verde escura temperados com 1 colher de sobremesa de azeite de oliva extra virgem

Suplementação alimentar utilizada:
- Vitaminas do complexo B
- Vitamina E
- Ácidos graxos ômega 3
- Vitamina C
- *Whey Protein*
- BCAAs
- Glutamina
- HMB
- Hidro Amino 36000

Já nas seis últimas semanas do período *pre contest,* minha dieta passa a ser a seguinte:

DIETA *PRE-CONTEST* (FASE 2)*

Ingerir 500ml de água antes da aerobiose.

Refeição 1 (30min após aerobiose em jejum)
- 150 gramas de peito de frango cozido
- 150 gramas de batata doce cozida
- 5 gramas de glutamina
- 2 gramas de Designer BCAAs (D.N.A)
- 1 grama de HMB

Refeição 2
- 100 gramas de batata doce cozida
- 100 gramas de peito de frango cozido

Refeição 3
- 150 gramas de batata doce cozida
- 150 gramas de peito de frango cozido
- Porção de vegetais folhosos de coloração verde escura temperados com 1 colher de sobremesa de azeite de oliva extra virgem

Refeição 4
- 100 gramas de batata doce cozida
- 100 gramas de peito de frango cozido
- 30ml de Hidro Amino 36000 (D.N.A) (antes do treino de musculação)

Refeição 5 (Imediatamente após o treino de musculação)
- 40 gramas de *Designer Whey Protein* (D.N.A)
- 20 gramas de Dextrose (D.N.A)
- 2 gramas de Designer BCAAs (D.N.A)

---

* Elaborada pelo nutricionista Rodolfo Peres

- 10 gramas de Glutamina
- 2 gramas de HMB
- 30ml de Hidro Amino 36000 (D.N.A)

Refeição 6
- 100 gramas de batata doce cozida
- 100 gramas de peito de frango cozido
- Porção de vegetais folhosos de coloração verde escura temperados com 1 colher de sobremesa de azeite de oliva extra virgem

Refeição 7
- 150 gramas de peito de frango cozido
- Porção de vegetais folhosos de coloração verde escura temperados com 1 colher de sobremesa de azeite de oliva extra virgem

Suplementação alimentar utilizada:
- Vitaminas do complexo B
- Vitamina E
- Ácidos graxos ômega 3
- Vitamina C
- *Whey Protein*
- BCAAs
- Glutamina
- HMB
- Hidro Amino 36000

Capítulo 3

TREINAMENTO

Qual mulher não gostaria de ficar com um corpo firme e esbelto?
Muitas mulheres almejam transformar seus corpos, porém nem sempre adotam uma estratégia eficiente, pela simples falta de orientação e desconhecimento sobre o assunto.
Hoje em dia existem várias propagandas enganosas que prometem efeitos imediatos na estética corporal, mas seja cauteloso e desconfie, pois nada é mágico.

Diversas pessoas acabam sucumbindo aos *shakes* milagrosos, aparelhos revolucionários, cremes, dietas da "moda", indicação e conselhos de curiosos. Porém, para se atingir metas como um físico esbelto com pouca gordura e uma massa muscular significativa e aparente, é preciso adotar um estilo de vida diferente. Deve-se praticar exercícios físicos, manter uma

dieta equilibrada e repousar adequadamente, sendo essencial seguir a orientação de um profissional competente, que fará uma avaliação para, posteriormente, desenvolver um programa específico e individualizado para você de acordo com seus objetivos.

A musculação é uma excelente ferramenta para conseguir um corpo bonito, por isso não deixe de praticá-la!

CONHECENDO A MUSCULAÇÃO

A musculação é uma atividade que tem como finalidade tornar a musculatura mais forte, aparente e volumosa, o que é uma importante componente de uma boa saúde.

A prática da musculação traz diversas vantagens:

- sensação de tranqüilidade e bem-estar;
- melhoria da auto-estima, e quadros de depressão;
- aumento da qualidade do sono;
- diminuição do nível de ansiedade, ajudando em alguns dos problemas de obesidade;
- aumento do gasto calórico total diário, reduzindo e controlando a quantidade de gordura corporal desde que acompanhada de uma dieta equilibrada;
- aumento de massa magra e melhora do tônus muscular;
- aumento da força;
- melhora da capacidade aeróbica;
- menor predisposição em desenvolver sintomas psicossomáticos;

- melhora a coordenação motora;
- reduz o risco de lesões;
- redução do risco de osteoporose;
- melhoria da postura;

TREINAMENTO PARA MULHERES

O treinamento para mulheres não difere muito do masculino; a principal diferença está nas características biológicas e hormonais entre os dois sexos. As mulheres possuem uma quantidade menor de testosterona, hormônio predominante nos homens, o que impede o alto grau de hipertrofia muscular. Então, mesmo que o treinamento seja semelhante em intensidade, o homem naturalmente adquire uma quantidade superior de massa muscular que a mulher. A força é uma capacidade física na qual os homens levam vantagem, principalmente nos membros superiores. Isso leva à adoção de cargas visivelmente diferentes entre ambos os sexos.

Existem muitos mitos e equívocos sobre o treinamento de força feminino, o que gera receio e grande preocupação com a feminilidade e aparência. O que passa na cabeça das

mulheres é o medo de ficarem grandes demais. Além da diferença hormonal, existem outros fatores que acabam influenciando no ganho de músculos: a predisposição genética, tempo e intensidade do treino, alimentação, descanso, entre outros.

Não é o simples fato de ir a uma academia e treinar com carga elevada que a fará ficar com uma aparência masculina. Na verdade, isso só ocorre em mulheres que fazem uso de hormônios masculinos exógenos. Dessa forma, as mulheres não deveriam ter medo de praticar musculação e treinar pesado, pois não correm risco algum de ficarem musculosas demais. Ao contrário, treinar traz diversos benefícios à saúde e chances de conseguir o tão sonhado corpo!

TREINAMENTO PARA OS DIFERENTES OBJETIVOS

O treinamento na musculação pode ser aplicado para diferentes objetivos: para emagrecer, enrijecer a musculatura ou ganhar massa muscular. Esta combinação melhora a qualidade de vida, inclusive nos aspectos emocionais.

Hoje em dia, é difícil mencionar uma atividade física que traga boa forma sem mencionar a musculação. Não restam dúvidas de que sua prática é uma grande aliada e a base para todas as outras atividades, e sozinha consiste em um completo e excelente trabalho.

Primeiramente, é importante saber, através de uma avaliação, quais são suas limitações, qual é o seu tipo físico e entender que o treinamento e sua resposta variam de pessoa para pessoa. Segundo a classificação do tipo físico (somatótipo), existem 3 tipos de estrutura corporal, e como a pessoa é avaliada e classificada em seus três componentes simultaneamente, a intensidade de cada classificação determina se o indivíduo é predominantemente:

- *Ectomorfo:* indivíduo com aspecto linear. As pessoas com esse tipo físico possuem maior dificuldade em ganhar massa corporal, porém, com um programa de treinamento adequado e boa alimentação, é possível conseguir ótimos ganhos de massa muscular.
- *Mesomorfo:* esse tipo físico reflete a influência do desenvolvimento muscular e estrutura óssea grandes. Este é considerado o ideal para obter bons resultados na musculação, conseguindo ganhos de massa muscular bastante significativos. Pessoas tipicamente mesomorfas têm o físico do tipo anguloso.
- *Endomorfo:* pessoas endomorfas têm a forma física arredondada. Em sua composição corporal apresentam uma camada adiposa espessa. Neste caso, a musculação é recomendada, pois sua prática, associada a uma dieta, utiliza a gordura e proporciona aumento de massa muscular.

É indispensável que o treinamento seja diferente para cada tipo físico, pois os resultados aparecerão mais rápido de acordo com cada especificidade.

A seguir são descritos os principais objetivos e qual é a contribuição da musculação para cada um deles.

MUSCULAÇÃO PARA PERDA DE PESO

Se a sua finalidade é emagrecer, saiba que a musculação tem um papel fundamental no processo. Muitas pessoas se enganam sobre o treinamento para emagrecer. Quem pensa que o melhor e o único exercício são os exercícios aeróbios, como andar, correr, pedalar, nadar, etc., poderão notar que isto não é completamente correto.

Os exercícios aeróbios são muito importantes para utilizar as calorias e melhorar o condicionamento corporal, no entanto os gastos com essas atividades acontecem no período em que se pratica. Existe também uma grande desvantagem em realizar somente atividades aeróbias. Junto com a gordura, também pode ocorrer a perda de massa muscular, e como o tecido muscular é metabolicamente ativo, sua perda pode influenciar na redução da quantidade de gordura.

Com o auxílio de uma alimentação adequada e exercícios programados é possível prevenir-se da perda de massa muscular, fazendo o peso perdido ser somente gordura. Perdas elevadas de peso em um curto espaço de tempo com certeza estão relacionadas à perda de massa muscular ou de água.

Outra vantagem para quem pratica musculação é o aumento do metabolismo basal. Após o treino, a musculatura leva horas para se recuperar do desgaste gerado, e isso faz o corpo gastar muita energia. Por isso não deixe de praticar musculação; seus exercícios ajudam a perder gordura sem comprometer sua massa magra, tão importante para o nosso corpo.

Sugestão. Para este objetivo procure fazer mais repetições com carga moderada.

MUSCULAÇÃO PARA HIPERTROFIA

Se seu objetivo for o de aumentar a massa muscular, então a musculação é o único caminho. A hipertrofia muscular é o aumento do tamanho da secção transversal da fibra muscular em resposta ao treinamento intenso com cargas elevadas. Isso acontece porque o organismo humano necessita se recuperar do estresse sofrido aumentando o tamanho para suportar mais carga no próximo treino.

Antes deste treinamento intenso com carga elevada é importante passar por uma fase inicial chamada de adaptação. Não pule etapas. Concentre-se na aprendizagem perfeita da execução do movimento, melhorando o condicionamento muscular, fortalecendo os tendões e alongando bem os músculos. Depois da adaptação geral, você poderá iniciar o treino para hipertrofia, procurando sempre aumentar gradualmente as cargas.

Sugestão: Inicie com cargas médias e mais repetições e diminua gradualmente as repetições e aumente a carga. Faça movimentos lentos, principalmente na fase negativa do movimento, mesmo que a carga não seja muito elevada, e faça movimentos amplos.

DICAS GERAIS DE TREINAMENTO

Seguem algumas dicas de treinamento que poderão ser muito úteis e benéficas para uma prática mais eficiente:

- *Conheça sua atual condição física antes de começar um treinamento*: faça uma avaliação física. Através dela será possível montar um treinamento específico.
- *Cada pessoa é diferente:* é normal cometer o erro de copiar o programa de treino de amigos. Com a avaliação física em mãos e com o auxílio de um profissional de Educação Física, você terá um programa de treino eficiente e seguro, respeitando um dos mais importantes princípios do treinamento: o da individualidade biológica. Por mais parecida que uma pessoa seja da outra, sempre haverá diferenças devido a particularidades individuais.
- *Faça corretamente:* a execução correta do movimento favorece o desenvolvimento muscular e previne lesões. É através da perfeita execução dos exercícios que se torna possível subir um degrau a mais no alcance dos objetivos esperados.
- *Respeite as fases do movimento:* nunca esqueça de se concentrar em todas as fases do movimento (negativa e positiva); ambas são importantes e cada uma tem sua função.
- *Treine intensamente:* talvez esse seja um dos erros mais comuns entre os praticantes de musculação, por não treinarem com a intensidade necessária. Isso é importante para que se consiga ter maior microrupturas

nas fibras musculares, pois a sua reparação controlada é que possibilita melhores resultados.

- *Use toda a amplitude no exercício:* faça cada repetição utilizando amplitude máxima no movimento.
- *Treine pesado:* procure realizar os exercícios entre 8 e 15 repetições, se conseguir realizar 15 repetições aumente a carga, tente sempre chegar ao limite, procurando a falha total do músculo.
- *Descanso mínimo entre as séries:* descansar pouco entre as séries recrutará mais fibras musculares e tornará o treino ainda mais intenso e eficiente.
- *Reduza o volume de treino:* procure não demorar muito em seu treino. Aumentar a quantidade de exercícios não é melhor, até porque se você estiver realmente treinando pesado não vai conseguir fazer muitos exercícios.
- *Mantenha-se concentrado durante todo o treino:* estar concentrado significa pensar no seu músculo, na técnica correta do exercício para que consiga isolá-lo, por isso evite conversas paralelas. O treinamento é difícil e exige atenção nos movimentos para evitar lesões.
- *Priorize o descanço:* lembre-se que o período de recuperação muscular é tão importante quanto o treinamento em si para se obter bons resultados. Repouse, no mínimo, uma vez por semana e também reserve horas de sono compatíveis.
- *Utilize carga adequada:* você deve ser capaz de executar o movimento sem ajuda. Caso não consiga, diminua a carga.

- *Velocidade do exercício:* fique atento com a velocidade do exercício. Faça o movimento sempre controlado na fase negativa.
- *Respiração correta:* Respire adequadamente, inspirando e expirando em todos os movimentos.
- *Evite tensionar outros músculos:* é comum pessoas tensionarem músculos absolutamente não relacionados com o movimento específico do músculo treinado. Portanto, realize movimentos sólidos e concentrados.

RESPOSTAS ÀS DÚVIDAS MAIS FREQÜENTES SOBRE O TREINAMENTO

Quero acabar com os famosos "pneuzinhos". É possível perder gordura de uma determinada área do corpo através do treinamento específico desse local?

Não existe um exercício específico com o qual você consiga perder gordura apenas em uma determinada região. Quando realizamos uma atividade, usamos a energia da quebra de gordura proveniente do corpo todo, e não apenas do músculo em que você esteja exercitando. Cada pessoa, pelo fator genético, poderá perder mais gordura em uma determinada região do que em outra. Para conseguir melhores resultados, procure fazer exercícios junto com uma dieta adequada e atividades aeróbias. Isso ajudará na perda da gordura.

Muitas repetições são melhores para definir a musculatura?

Não existe um treino específico para definição. O mais importante é que ele seja intenso e associado com uma dieta adequada e atividades aeróbias.

Quanto mais longo o treino de musculação, maior é a hipertrofia?

Quanto mais longo o treino, maiores as chances do corpo alcançar um estado catabólico, ou seja, um estado de perda de massa magra (músculo). Isso acontece devido ao fato de que o corpo tende a utilizar o tecido muscular ao invés da gordura como fonte de energia. Por isso, o aconselhável seria fazer um treino de alta intensidade, com curtos intervalos entre as séries.

Quanto mais se transpira durante o exercício, mais gordura se perde?

Quanto mais intenso for o treino, mais calorias você gastará. No entanto, a quantidade de suor não tem necessariamente que refletir a diminuição da gordura corporal. As pessoas tendem a transpirar mais por causa de excesso de peso, baixo condicionamento físico ou hereditariedade. É comum suar mais no calor,

no clima seco e por estar vestindo roupas pesadas do que em clima frio, úmido, por vestir roupas mais leves. Se você se exercitar em um clima muito quente ou com roupas plásticas chamadas de "roupas para a perda de peso", então você irá transpirar demasiadamente, o que acarreta uma perda de peso imediata. Porém todo esse peso provém da perda de água, e o peso volta a ser o mesmo quando você repor esses fluidos.

Devo preocupar-me com a quantidade de peso da carga?

O mais importante é realizar os exercícios com a técnica correta, pois não adianta colocar uma carga pesada e "roubar" ou fazer os movimentos sem controle com demasiada ajuda de músculos sinergistas, o que simplesmente aumentaria o risco de lesões e não mobilizaria isolada e efetivamente o músculo alvo. Procure aumentar de carga progressivamente, ou seja, à medida que o exercício se tornar leve, aumente a carga.

É preciso sentir dor para que o exercício dê resultado?

Não é necessário sentir dor muscular para ter bons resultados. Porém, se você estiver sem praticar atividade física por um longo período, você provavelmente sentirá dores musculares no início de um programa de exercícios, devido ao estímulo dado ao músculo ser maior do que este está acostumado. Assim, o treino deverá ser progressivo, iniciando de acordo com o seu condicionamento, para não haver perigo de lesão. Atletas que trabalham no limite do seu condicionamento também estão sujeitos a dores e lesões, por isso devem fazer um trabalho com acompanhamento e orientação de um profissional experiente.

É possível aumentar o bumbum com musculação e exercícios localizados?
Sim. Porém a quantidade aumentada dependerá de fatores genéticos, alimentação adequada e de um treinamento de musculação bem orientado, com exercícios voltados para essa região.

Tenho vontade de começar a prática da musculação e gostaria de saber qual o tempo mínimo necessário para que comece a perceber os resultados?
A quantidade de ganho varia em função da predisposição genética de cada um, do empenho nos treinos e da alimentação, mas 3 meses é um tempo em que a maioria das pessoas já vê diferenças.

Se eu treinar todos os dias vou conseguir um desenvolvimento mais rápido?
É preciso reservar tempo para a recuperação do exercício, e para que se processe a restauração e hipertrofia das fibras musculares. Quando é realizado um novo treinamento antes que esse processo esteja terminado, ele não se completa, o que, se repetido habitualmente, leva até à perda de massa muscular.

Quando paramos com o treinamento "cai tudo"?
Quando você interrompe um programa de exercícios, gradativamente o músculo começa a diminuir e perder sua tonicidade, o que em

longo prazo dá uma sensação de flacidez. Por isso é importante manter uma rotina de treinamento, assim você dará estímulo contínuo à musculatura para mantê-lo sempre com aparência rígida.

Queria ter uma barriga lisa e definida. O abdominal faz perder "barriga"?
Não. Os exercícios abdominais não fazem perder a barriga. Eles auxiliam no fortalecimento e ganho de músculo que darão um formato rígido e bonito ao abdome. No entanto, o segredo é conciliar os exercícios com uma dieta e atividades aeróbias, pois perdendo gordura e estando com a região enrijecida, você terá todas as condições necessárias para tornar os músculos dessa área aparente.

A musculação dá varizes?
Na maioria das vezes, as varizes são causadas por predisposição genética. Elas são formadas pelo enfraquecimento de suas paredes e válvulas do sistema vascular. Na verdade, quem não tem tendência para varizes não as terá, mesmo quando exposto às sobrecargas circulatórias.

Na tensão pré-menstrual é necessário que a mulher interrompa o treinamento?
No período da Tensão Pré-Menstrual (TPM), muitas mulheres sofrem de sintomas indesejáveis como dores de cabeça, cólicas, depressão, cansaço, entre outros. A prática de exercícios regulares, como a musculação, por exemplo, pode ajudar a minimizar algumas dores e até mesmo a depressão, pois o exercício ajuda a liberar endorfinas, responsáveis pela sensação do bem-estar.

Se minha série é para emagrecer, por que estou ganhando peso?

Na verdade não existe série para emagrecer, pois o que faz perder peso em gordura é a dieta. O que pode acontecer, se você não tiver mudado sua dieta, é que ao realizar essa série você passou a ganhar massa muscular.

Qual é o melhor horário para a realização do treino aeróbio visando à perda de gordura?

De manhã em jejum é o melhor horário. Quando você acorda, a quantidade de carboidratos do seu corpo é bastante baixa já que sua última refeição foi na noite do dia anterior. Como esta reserva de carboidrato é muito baixa ao acordar, esta é a melhor hora para praticar uma atividade aeróbia, caso seu objetivo seja emagrecer. Nesse horário, nosso organismo usa uma porcentagem maior de gordura como energia. No entanto eu não recomendo, a uma pessoa que nunca realizou aeróbio em jejum, a fazê-lo de imediato, pois o corpo não está preparado. Por isso, procure começar aos poucos, primeiro com cinco minutos e depois aumentando gradativamente até trinta. Não é necessário um tempo superior a esse.

Devo fazer o exercício aeróbio antes ou depois do treino de musculação?

Depende do objetivo do treino. Se a intenção é ganhar massa muscular e definir o corpo é mais interessante começar pela musculação, porque o rendimento será maior. Se a pessoa pretende perder peso, pode começar pela aerobiose.

É possível deixar enrijecer a musculatura sem aumentar o volume?

Sim, usando cargas leves na musculação e repetindo o exercício mais vezes.

Para quem quer apenas combater a flacidez e manter a forma, quais as modalidades indicadas e quantas vezes por semana são necessárias?

O melhor é fazer exercícios localizados e alguma atividade aeróbia. Aconselho fazer, no mínimo, três vezes por semana, de uma a duas horas por dia.

Quantos músculos devo exercitar por dia? Quantos exercícios devem ser realizados por grupo muscular? Com quanto tempo devo mudar meu treino?

Não se prenda necessariamente a números e, sim, à intensidade. Aconselho que deixe a montagem e mudança da série com um profissional da área, pois eles terão maior conhecimento para saber quais e quantos exercícios devem ser realizados e, até mesmo, quando é a hora certa de mudar de série. Tenha em vista que cada pessoa precisa de um plano de treinamento individualizado, pois cada um responde de maneira diferente a um mesmo estímulo. Portanto, não copie ou siga séries de outras pessoas.

TREINAMENTO NA PRÁTICA

Trataremos, nesta parte, do treinamento na prática, mostrando os principais exercícios para os diferentes grupos musculares, observando a execução correta e apresentando dicas e sugestões.

MEMBROS SUPERIORES

I - BRAÇOS

Não apenas os homens deveriam se interessar em treinar essa região do corpo, mas também as mulheres, pois a firmeza dessa região é algo que preocupa. Exercícios da musculação deixam os braços firmes e tonificados.

Os braços possuem dois grupos musculares distintos: o bíceps e o tríceps, os quais devem ser harmoniosamente treinados.

Seguem alguns exemplos de exercício para os braços:

- Bíceps com barra
- Bíceps alternado no banco
- Bíceps com halteres em "pegada martelo"
- Tríceps sentado com halter
- Flexão de tríceps no banco
- Tríceps com barra

II - PEITORAL

Os seios são formados por tecidos gordurosos, ou seja, não possuem músculos. Eles são apoiados nos músculos peitorais, sendo essa a região que você deve fortalecer através da musculação ou da prática constante de esportes.

O treinamento com pesos é um grande aliado para as mulheres que almejam adquirir seios mais firmes. Exercitar os músculos peitorais pode trazer excelentes resultados.

Além do fortalecimento, é aconselhável:

- usar *tops* firmes para prender bem os seios e prevenir lesões durante a prática esportiva;
- hidratar bem a área, para dar aparência sedosa e macia, além de ajudar a evitar a flacidez e o aparecimento de estrias;
- esfoliar a área uma vez por mês, o que ajuda na textura da pele;
- procurar manter o seu peso constante, o fato de engordar e depois emagrecer bruscamente pode trazer conseqüências terríveis para os seios, pois o "efeito sanfona" pode acabar com a elasticidade da pele das mamas, fazendo aparecer as indesejáveis estrias e flacidez.

Seguem alguns exemplos de exercício para o peitoral:

- Flexão de braços
- Crucifixo no banco reto
- Supino inclinado barra livre
- *Crossover* no cabo

III - OMBRO

Este é o grupo muscular que eu mais gosto de treinar e, ao mesmo tempo, é o que eu preciso dar mais prioridade para as competições de *fitness*. O ombro costuma dar "*shape*" ao físico dos competidores, e é por isso que direciono minha atenção a ele.

Costumo adotar cargas pesadas para este grupo, a fim de treinar as três porções do ombro, para dar a aparência arredondada a ele.

Seguem alguns exemplos de exercício para os ombros:

- Desenvolvimento na barra à frente
- Elevação frontal com anilha
- Elevação lateral
- Elevação unilateral no cabo
- Posterior cruzando a frente no cabo

IV - COSTAS E ABDOME

Os exercícios para região abdominal e das costas são a melhor maneira de adquirir um bom fortalecimento da musculatura e, assim, criar uma boa condição física para suportar as atividades do dia-a-dia. Não é recomendado apenas para atletas e, sim, para todas as pessoas.

Manter o lombar e o abdome bem fortalecidos possibilitam uma sustentação segura ao esforço feito pelos membros inferiores e superiores.

A parte superior do seu corpo é sustentada pelos músculos abdominais e lombares. Eles dão suporte aos mais variados movimentos, impulsos e esforços, em todas as atividades físicas e esportes praticados. Não é pouca coisa!

Mesmo que não pensemos em atividades físicas, a musculatura abdominal tem por função proteger e dar uma sustentação organizada aos órgãos internos nesta parte do corpo.

Seguem alguns exemplos de exercício para as costas:

- Barra livre
- Puxador frente
- Puxador fechado
- Remada unilateral puxada horizontal
- Extensão de tronco lombar

Seguem alguns exemplos de exercício para o abdome:

- Abdominal no banco inclinado
- Abdominal com pernas apoiadas em banco
- Elevação de pernas na prancha
- *Crunch* sentado no banco

TREINO DE MEMBROS INFERIORES

As pernas são alvo de extremo esforço por parte da grande maioria feminina que almeja conseguir pernas volumosas e bem torneadas, e é por isso que ao adentrar em uma academia na maioria das vezes as mulheres logo mencionam em treinar suas pernas e, é claro, em conjunto com os glúteos.

Antes de dar início ao treino de pernas, exercito-me por alguns minutos em uma bicicleta ergométrica. Logo após, escolho um exercício abdominal e um lombar e executo algumas repetições de cada para aquecer bem esta área, já que ela é muito exigida e solicitada neste grupo muscular. Na seqüência, inicio uma série de aquecimento com um peso leve e só depois de tudo é que começo o meu treino.

Seguem alguns exemplos de exercício para posterior de pernas:

- Flexão do joelho
- Cadeira flexora
- *Stiff*

Seguem alguns exemplos de exercício para as coxas:

- *Leg press* 45
- Avanço no *Smith*
- Agachamento
- Cadeira extensora
- Cadeira adutora

Seguem alguns exemplos de exercício para os glúteos:

- Elevação de quadril com isometria
- Extensão de quadril no solo
- Cadeira abdutora

Seguem alguns exemplos de exercício para as panturrilhas:

- Panturrilha sentada
- Panturrilha em pé no aparelho

Capítulo 4

ALIMENTAÇÃO E SUPLEMENTAÇÃO

DICAS PARA UMA BOA ALIMENTAÇÃO

Uma boa alimentação, além de ser um dos principais responsáveis para adquirir um corpo bonito, também é fundamental para a manutenção da saúde. Os alimentos fornecem ao organismo as condições necessárias para o seu perfeito funcionamento.

Na correria do dia-a-dia, as pessoas tendem a adotar um estilo de vida não muito saudável, alimentando-se inadequadamente. Acabam ingerindo alimentos ricos em gorduras e açúcares e com baixo valor nutricional, o que contribui para um corpo fraco e vulnerável às doenças.

Além de trazer malefícios à saúde, fica difícil conseguir a boa forma se uma dieta equilibrada não for adotada, e torna-se praticamente inútil passar horas fazendo uma atividade física, pois as calorias "queimadas" serão repostas pela má alimentação.

Por isso não se esqueça: adote um estilo de vida saudável, afinal você é o que você come!

Abaixo seguem algumas dicas de uma boa alimentação:

- Não elimine totalmente o carboidrato da dieta, pois este é fonte de energia e manterá o seu metabolismo ativo.
- Garanta o consumo de proteínas em todas as refeições. Ela é essencial para a preservação da massa muscular, além de ajudar na recuperação da musculatura após a atividade física.
- Divida sua dieta em pequenas refeições. Isso garantirá um metabolismo mais ativo.

- Ingira verduras e legumes, pois estes fornecem vitaminas e sais minerais, nutrientes fundamentais para o rendimento e para a saúde.
- Consuma fibras. Elas estão presentes nos alimentos integrais, folhas, frutas com cascas/bagaço comestíveis.
- Mastigue bem os alimentos. Esse processo permite que a chegada do alimento ao estômago seja lenta, o que implica em maior tempo para o envio de uma mensagem de saciedade para o cérebro, diminuindo o apetite.
- Evite bebidas alcoólicas, pois, além de serem tóxicas ao organismo, possuem inúmeras "calorias vazias", que acabam sendo armazenadas como reserva de gordura.

- Substitua o consumo de molhos à base de creme de leite ou maionese por molhos feitos à base de tomate natural ou iogurte *light*.
- Crie o hábito de assar, grelhar ou cozinhar os alimentos ao invés de fritar, pois assim você retirará uma grande quantidade de gorduras da sua dieta.
- Dê preferência para carnes magras, tais como frango, peixe, carne de patinho e lagarto.
- Sempre que tiver opção de escolha, prefira os alimentos desnatados.
- Tome cuidado com os *fast-food*; eles geralmente são ricos em gorduras.
- Carnes embutidas, como mortadela, presunto e salame, também devem ser evitadas, pois contêm muito sódio, além de conservantes maléficos à saúde.
- Não se engane em trocar o chocolate normal pelo *diet*. O chocolate *diet* possui as mesmas, ou até mesmo mais, calorias e gorduras que o tradicional. Portanto, são recomendados para os diabéticos e não para a perda de peso.
- Tempere as saladas com vinagre, limão, sal e um pouco de azeite de oliva extra virgem.
- Evite os enlatados, pois são ricos em sódio.
- Prefira os queijos brancos como o de minas, frescal, ricota e *cottage* ao invés dos amarelos, como mussarela, prato, etc.
- Compare os rótulos dos alimentos e verifique se os *light* e *diet* são menos calóricos. Nem sempre isso é verdade.
- Nunca fique com fome. Por isso deixe na geladeira legumes picados (cenoura, pepino, salsão) e gelatina *diet*. Eles não prejudicarão o seu processo de emagrecimento.
- Não tenha pressa de emagrecer. A dieta

saudável deve ser lenta e gradual, pois será baseada na reeducação alimentar e não em uma mudança radical.

- Programe os horários de cada refeição.
- Quando tiver vontade de comer doce, prefira comer uma fruta.
- Procure não descontar na comida frustrações e ansiedade, encontre um *hobby* ou uma atividade para dispersar esses acontecimentos.
- Permita-se, um dia por semana, comer os alimentos que mais gosta, mas depois retorne à dieta normal.

EMAGRECIMENTO X ÍNDICE GLICÊMICO DOS ALIMENTOS

Entender o Índice Glicêmico (IG) dos alimentos é uma boa maneira de conhecer os alimentos mais adequados que ajudam no processo de emagrecimento, devendo-se manter ao mesmo tempo uma alimentação equilibrada e saudável.

O IG é um indicador que mede a velocidade de transformação do carboidrato em glicose, processo necessário para o fornecimento de energia ao organismo.

Cada alimento possui uma velocidade de absorção diferente e isso varia de acordo com a composição que o mesmo possui como:

- presença de proteínas;
- presença de fibras;
- presença de gorduras;
- forma de preparo do alimento;
- a combinação dos alimentos da refeição, etc.

O carboidrato digerido é transformado em glicose que, por sua vez, atinge a corrente sanguínea. A glicose é retirada do sangue e transportada para dentro das células por um hormônio chamado insulina. Nas células, a glicose é transformada em energia.

Quanto maior for o índice glicêmico do alimento, mais rápida será sua absorção pelo organismo. Portanto, mais insulina é produzida para retirar a glicose da corrente sanguínea. A insulina em excesso faz o corpo armazenar mais gordura. Além de engordar, o excesso de insulina pode acabar ocasionando diabetes, pois como o pâncreas acaba sendo muito exigido pela alta produção de insulina ao longo da vida, ele pode ir perdendo sua capacidade de funcionamento. Dessa forma, os alimentos mais adequados para o emagrecimento e para a saúde são aqueles que possuem um menor índice glicêmico.

Os alimentos são divididos em três classificações: Baixo, Moderado e Alto Índice Glicêmico. A seguir são apresentados alguns exemplos de alimentos e suas respectivas classificações:

BAIXO

Soja/ Lentilha/ All bran/ Pêra/ Maçã/ Ameixa/ Damasco/ Iogurte natural/ Leite integral/ Leite desnatado/ Extrato leitoso de soja/ Brócolis/ Couve-flor/ Pepino /Tomate/ Alface/ Queijos *light*

MODERADO

Banana/ Laranja/ Manga/ Kiwi/ Pêssego/ Arroz parboilizado/ Arroz integral/ Massas integrais/ Pão de centeio/ Integral/ Pão sírio/ Inhame/ Batata doce/ Sorvete

ALTO

Glicose, mel, sacarose, xarope/ Milho/ Pão francês/ Pão branco/ Croissant/ Corn flakes/ Melancia/ Arroz branco cozido/ Batata frita, cozida, assada/ Nhoque/ Pizza/ Bolacha/ Bolo

DICAS PARA CONTROLAR A CARGA GLICÊMICA DOS ALIMENTOS

Existem algumas medidas que podem ser adotadas para reduzir a carga glicêmica dos alimentos. Seguem algumas dicas:

- *Misture outros alimentos para reduzir a carga glicêmica:* você poderá misturar alimentos como os grãos das leguminosas (feijões, grão-de-bico, lentilhas), pois estes são ricos em um tipo de fibra, o amido resistente, que também é digerido de forma lenta pelo organismo. Outra dica é misturar uma proteína a um alimento de alto índice glicêmico, como, por exemplo, macarrão com carne moída. Você poderá também ingerir uma salada verde de entrada para reduzir ainda mais o IG (Índice Glicêmico) da refeição, devido ao alto teor de fibras contidas nos vegetais.
- *Prefira os grãos integrais, cereais de trigo integrais e aveia:* esses alimentos possuem mais fibras sendo, assim, absorvidos mais lentamente, o que diminui a velocidade de absorção da glicose no sangue. Por isso, aposte em trocar o pão branco, macarrão branco e arroz branco pelas versões integrais.
- *Priorize frutas com cascas a sucos:* as frutas com cascas têm mais fibras, além de não conter o excesso de açúcar presente nos sucos de frutas.

DIET X *LIGHT*

Atualmente, há no mercado uma grande variedade de produtos *diet* e *light*. Muitas pessoas ainda se perguntam sobre qual o significado e qual o produto mais adequado a ser consumido para a manutenção da boa forma! Então vamos lá:

ALIMENTOS *DIET*

Os alimentos *diet* são aqueles isentos dos seguintes nutrientes em sua fórmula: açúcar, gordura, proteína, sódio e carboidrato. Por exemplo, quando um alimento tem restrição de açúcar, não pode haver nenhum açúcar adicionado, só o presente naturalmente no alimento.

Em geral, os alimentos *diet* apresentam baixa quantidade de calorias, mas há algumas exceções, como no caso do chocolate *diet,* que apesar de não ter açúcar, possui muitas calorias provenientes da alta taxa de gordura. Por isso, se você deseja emagrecer, procure sempre verificar a quantidade de calorias do alimento *diet* a ser consumido. Caso contrário, você corre o risco de ingerir uma quantidade enorme de calorias. No caso do chocolate, se você não for diabético, a melhor saída é consumir o chocolate convencional com moderação, visto que pelo menos o sabor é mais agradável.

ALIMENTOS *LIGHT*

Os alimentos *light* são aqueles que apresentam uma redução de, no mínimo, 25% em determinado nutriente ou em calorias, se comparado ao alimento convencional. No entanto, quando ocorre a redução de qualquer nutriente que não adicione calorias ao alimento, o teor calórico do produto será igual apesar dele ser *light*. Isto acontece em produtos com redução de sódio, por exemplo.

A diferença básica entre o *diet* e o *light* está no fato de que o alimento *diet* deve ser isento de determinado nutriente, enquanto o *light* pode ter este mesmo nutriente em quantidades menores que as convencionais.

O principal meio para que você saiba qual alimento, *diet* ou *light*, é o mais adequado para manter a boa forma é, sem dúvida, a atenção quanto aos rótulos dos alimentos. Dessa forma, é possível obter as informações necessárias para se saber o que você está ingerindo.

APRENDA A LER OS RÓTULOS DOS ALIMENTOS

É de extrema importância que as pessoas aprendam e tenham o costume de ler os rótulos dos produtos, pois é dessa maneira que se

pode saber o que comprar, podendo-se comparar diferentes marcas no mercado.

Normalmente, na tabela nutricional exposta nos rótulos dos produtos, encontram-se discriminados o valor nutricional por porção. Segue um índice das nomenclaturas usadas nos rótulos dos alimentos, para você poder compreender melhor o significado de cada um:

- *Porção:* quantidade média do alimento a ser normalmente ingerida por pessoas sadias a cada vez que o alimento é consumido, promovendo uma alimentação saudável.
- *Percentual de Valores Diários (%VD):* número em percentual que indica o quanto o produto em questão apresenta de energia e nutrientes em relação a uma dieta com base de 2000 calorias.
- Valor energético: energia produzida pelo nosso corpo proveniente de carboidratos, proteínas e gorduras totais. Na rotulagem nutricional, o valor energético é expresso em forma de quilocalorias (Kcal) e quilojoules (kJ) (Observação: quilojoules (kJ) é outra forma de medir o valor energético dos alimentos, sendo que 1Kcal equivale a 4,2kJ).
- *Carboidratos:* alimentos que dão calor e energia ao corpo. São encontrados em maior quantidade em massas, arroz, açúcar, mel, pães, farinhas, tubérculos (como batata, mandioca e inhame) e doces em geral. A falta de carboidratos no organismo pode provocar fraqueza, tremores, tonturas, o que pode levar até ao desmaio. Já o excesso de carboidratos na dieta pode provocar a obesidade e outras doenças correlacionadas.
- *Proteínas:* um dos principais materiais de construção do corpo e essenciais para o

crescimento e manutenção da vida. São encontradas nas carnes, ovos, leites e derivados e nas leguminosas (feijões, soja e ervilha).

- *Gorduras:* nutrientes que além de proteger o esqueleto, funcionam como manto protetor contra o frio e como isolante do calor interno produzido no corpo. O excesso de gordura (principalmente saturadas) na dieta provoca aumento dos níveis de colesterol e triglicérides, além do aumento do peso corporal. Está presente em carnes gordas, queijos amarelos, óleos, leite integral, entre outros.
- *Fibra alimentar:* encontra-se presente em diversos tipos de alimentos de origem vegetal, como frutas, hortaliças, feijões e alimentos integrais. A ingestão de fibras auxilia no funcionamento do intestino. Procure consumir alimentos com altos %VD de fibras alimentares!
- *Sódio:* presente no sal de cozinha e alimentos industrializados (salgadinhos, molhos prontos, embutidos, produtos enlatados com salmoura), devendo ser consumido com moderação, uma vez que o seu consumo excessivo pode levar ao aumento da pressão arterial. Evite os alimentos que possuem altos %VD em sódio.

Uma dica importante: quando você estiver analisando os rótulos dos alimentos, não é necessário ficar somando as quantidades de cada nutriente para saber se atingiu ou não as recomendações diárias. O importante é escolher alimentos mais saudáveis a partir da comparação de alimentos similares, como, por exemplo, escolher o iogurte, queijo e/ou pão mais adequados para a saúde da sua família.

Para isso, basta saber que altos valores de %VD indicam que o produto apresenta alto teor de determinado nutriente. Já os produtos com valores de %VD reduzidos indicam o contrário.

Para ter uma alimentação mais saudável, dê preferência a produtos com baixos %VD para gorduras saturadas, gorduras trans e sódio e produtos com altos %VD para as fibras alimentares

CONHECENDO OS SUPLEMENTOS

Como o próprio nome indica, suplementos alimentares são vitaminas, minerais, compostos vegetais, aminoácidos, etc., utilizados pelo homem com a finalidade de complementar ou suplementar suas necessidades nutricionais. Suplementos são indicados a praticantes de atividade física, atletas, pessoas que desejam ganhar massa muscular, perder peso ou que simplesmente necessitam de uma dieta específica para melhorar seu estado de saúde.

Dentre os mais consumidos estão proteínas, aminoácidos, hipercalóricos e carboidratos:

- *Albumina:* proteína de alto valor biológico, presente nas claras dos ovos. Seu consumo é recomendado a praticantes de atividade física, por ser rica em aminoácidos essenciais, ajudando, assim, a manutenção e o desenvolvimento da massa muscular magra.
- *Arginina:* aminoácido não-essencial, ou seja, pode ser sintetizado pelo organismo. Exerce várias funções importantes, tais como: for-

mação e síntese da creatina, divisão celular, remoção da amônia do corpo, imunidade às enfermidades e secreção de hormônios.

- *BCAA's (Branched Chain Amino Acids ou Aminoácidos de Cadeia Ramificada):* nome genérico dado ao conjunto formado pelos aminoácidos essenciais (leucina, valina e isoleucina) requeridos pelos músculos em uma atividade física. Durante exercícios prolongados, a queda da concentração dos BCAA's no plasma está relacionada à perda de massa muscular e, por isso, recomenda-se que todos os atletas com treinamento intenso façam uso de suplementos à base desses aminoácidos.

- *Caseína:* proteína encontrada no leite com alta qualidade de aminoácidos. Apresenta algumas propriedades funcionais inigualáveis: possui um conteúdo elevado de glutamina e aminoácidos glicogênicos. Também pode auxiliar na regulação do tempo de trânsito de proteínas pelo intestino.
- *Creatina:* composto de aminoácidos presente nas fibras musculares e no cérebro. É uma substância natural encontrada na carne e no peixe, mas que pode também ser produzida pelo fígado, pâncreas e rins, a partir dos aminoácidos arginina, glicina e metionina.
- *Dextrose:* carboidrato derivado da conversão enzimática do milho, de alto índice glicêmi-

co. A dextrose possui a mesma fórmula química da glicose sanguínea (açúcar do sangue) e, por isso, não necessita de digestão.

- *Glutamina:* A glutamina é o aminoácido livre mais abundante no tecido muscular. Além de atuar como nutriente (energético) para as células imunológicas, a glutamina apresenta uma importante função anabólica, promovendo o crescimento muscular. Esse efeito pode estar associado à sua capacidade de captar água para o meio intracelular, o que estimula a síntese protéica.
- *Isoflavona:* hormônio vegetal presente no gérmen de soja, em lentilhas, grão de bico e em alguns legumes. Em mulheres, é uma alternativa natural aos problemas decorrentes da menopausa, devido à sua semelhança com o hormônio feminino.

- *Maltodextrina:* um derivado do milho ou da mandioca produzido a partir da conversão enzimática do amido. É considerado um carboidrato complexo, pois tem em sua formulação vários açúcares, como a dextrose, maltose e outros, necessitando, assim, de digestão para sua conversão em glicose.
- *Proteína isolada de soja:* proteína de alto valor biológico, que ostenta o maior percentual de aminoácidos chamados de "Agrupamento Crítico". Suas propriedades benéficas envolvem a facilidade de digestão e um ótimo efeito antioxidante.

- *Whey protein concentrada: whey protein*, ou lactoalbumina, é a proteína proveniente do soro do leite. Ela tem a concentração mais alta de aminoácidos de cadeia ramificada (BCAAs) que qualquer outra proteína (23-25%) e possui cerca de 10% das chamadas imunoglobulinas, que, dentre outras propriedades, fortalecem o sistema imunológico, além de conter quadripeptídeos com um importante papel na diminuição da dor muscular após treinamentos intensos. A lactoalbumina também é capaz de aumentar a produção endógena de glutationa, um poderoso antioxidante.
- *Whey protein isolada:* Além de todas as características da *whey protein* concentrada, a isolada possui um perfil de aminoácidos ainda melhor e também todas as frações de globulinas que promovem um aumento considerável da resposta do sistema imunológico.

DÚVIDAS MAIS FREQÜENTES SOBRE ALIMENTAÇÃO E SUPLEMENTAÇÃO

Devemos evitar as gorduras? Quais são as gorduras boas e quais são as ruins? Em que alimentos elas estão presentes?

Não devemos evitar as gorduras totalmente. Alguns tipos especiais de gorduras, como ômega-3 e ômega-6, são fundamentais para nossa saúde. A maioria dos alimentos possui mais de um tipo de gordura. Alguns, como as nozes, por exemplo, possuem gordura monoinsaturada, ômega-6 e um pouco de ômega-3 – uma ótima combinação. Outros possuem uma combinação prejudicial à saúde, de gordura trans-saturada e saturada:

- *Ômega 6:* presente em óleos vegetais, sementes e nozes. Pode reduzir o LDL e o colesterol total, mas seu alto consumo pode reduzir o colesterol benéfico HDL.
- *Ômega 3:* presente em peixes gordurosos, óleos vegetais e nozes. Diminui o nível de triglicérides e do colesterol total.
- *Gorduras Monoinsaturadas:* presentes em azeite de oliva, abacate e amendoim. Reduz o LDL e o colesterol total. Procure ingerir a maior parte de gorduras desse tipo.

Beber líquidos durante as refeições engorda?

O líquido ingerido durante as refeições não engorda, porém não é muito aconselhável fazê-lo, pois atrapalhar o processo digestivo. Dessa forma, procure beber depois que tiver ingerido os alimentos.

Comer o dia todo engorda?

Depende. Se você fizer pequenas refeições equilibradas com um intervalo médio de 3 horas, isso contribuirá para acelerar o metabolismo, o que ajuda na perda de gordura. Ao contrário, se você comer o dia todo guloseimas, alimentos gordurosos e calóricos, isso ajudará a engordar.

Quantos litros de água deve-se beber por dia e qual a sua importância?

Nosso corpo é formado, em sua maior parte, por água. Essa água precisa ser renovada continuamente. Todo funcionamento do organismo depende da água: as reações químicas, a respiração, a circulação, o funcionamento dos

rins, a desintoxicação, a digestão, os sistemas de defesa, a pele, enfim, tudo o que é necessário para manter a vida. Quando existe pouca água no corpo, todo o funcionamento do organismo fica prejudicado. Beber bastante água todos os dias torna o organismo mais equilibrado e resistente. É aconselhável beber entre 2 e 4 litros de água por dia (8 a 16 copos). Nunca menos de 2 litros (8 copos). A quantidade depende da temperatura do dia e das atividades realizadas.

Sentir tontura é normal quando fazemos dieta para perda de gordura?

Não. Quando uma pessoa está com uma nova dieta, muitas vezes hipocalórica para perda de gordura, é normal que ela se sinta mais fraca, sem tanta disposição, e que tenha maior dificuldade na realização de atividades físicas, pois o corpo passará por um período adaptativo. No entanto, se a pessoa, ao adotar uma dieta, sentir-se mal e/ou tonturas, deve procurar um médico e seu nutricionista para se certificar de que está tudo bem. Lembro de que, ao realizar uma dieta, não se deve ficar sem comer. Ao contrário, é imprescindível alimentar-se com várias e pequenas refeições durante o dia. Uma outra dica importante: não é recomendável fazer uma atividade física sem se alimentar anteriormente. Se isso ocorrer, a pessoa poderá ter uma crise hipoglicêmica.

Quais seriam os melhores tipos de dieta para perder peso?

A melhor dieta é a reeducação alimentar. Não adianta adotar dietas drásticas na qual se perde peso rapidamente, pois há um risco muito grande de engordar de novo. Por não ter feito a reeducação alimentar, a pessoa provavelmente voltará a comer de forma errada, permitindo o retorno dos quilos perdidos anteriormente. Outro ponto digno de nota é que dietas muito radicais são difíceis de serem mantidas por muito tempo e também podem proporcionar uma "falsa" impressão de resultados. Devido à sua própria característica, perde-se muita massa muscular, o que não desejamos, pois poderá trazer mais flacidez e perda do tônus muscular, dando uma aparência não muito agradável à silhueta.

Para se ganhar músculos é preciso comer de tudo, ganhando o máximo de peso possível?

Não. É equivocado pensar que a melhor maneira de ganhar massa muscular é comer tudo que há pela frente. Você até ganhará peso, porém ganhará também muita gordura. Pense em ganhar massa muscular, e não em ganhar peso. Para isso, siga uma dieta rica em proteínas, com baixa gordura (como peito de frango, peixe, carne magra) e rica em carboidratos complexos (como batata doce, mandioca, arroz e aveia), e pobre em gorduras e açúcares.

Comer à noite engorda?

Não necessariamente. Tudo depende da necessidade ou não do corpo dessas calorias nesse momento. Além do mais, cada pessoa tem uma necessidade diferente da outra, seja pelo metabolismo, quantidade de massa muscular, atividade diária, entre outras. Não se esqueça de que o corpo gasta calorias durante todo o dia e apenas varia a quantidade que ele precisa em cada momento.

Qual a importância da refeição após o treino de musculação e quais os nutrientes recomendáveis?

A refeição pós-treino é uma das mais importantes, principalmente para quem deseja otimizar o trabalho feito com pesos. Ocorre que, nesse período, o organismo passa a absorver com mais eficiência diferentes nutrientes. Após um treino intenso, o organismo necessita de nutrientes, tais como carboidratos e proteínas para repor a energia e os tecidos desgastados com o exercício. Caso essa refeição não seja feita, haverá uma grande possibilidade do corpo usar suas próprias reservas e tecidos para repor o gasto, provocando o catabolismo (perda de massa magra).

Qual o melhor suplemento para definição muscular?

Não existe suplemento específico para definição muscular. A definição muscular virá através da dieta em conjunto com a atividade física. É importante lembrar que não existe milagre, mas sim a adoção de um estilo de vida saudável que proporciona saúde, bem-estar e um corpo esbelto.

Qual a melhor suplementação para o ganho de massa muscular?

O mais importante é primeiro possuir uma alimentação adequada para esses objetivos, pois só assim você conseguirá maximizar seus resultados com a suplementação. Tendo a alimentação em ordem, você poderá escolher (preferencialmente recomendado por nutricionista) dentre os inúmeros produtos no mercado.

Por que as dietas de preparação de atletas para competição de fisiculturismo, *fitness*, *figure* ou *bodyfitness* são baseadas em batata doce e frango?

É normal os atletas de competição se alimentarem com batata doce, pois, além de ser um carboidrato complexo e grande fornecedora de energia, ela não possui um índice glicêmico alto. Dessa forma, os níveis de insulina no corpo nao aumentam, o que contribui para a perda de gordura. Já no caso do peito de frango, ele é rico em proteínas e possui baixa quantidade de gordura, sendo, portanto, ideal para o período de preparação.

Como evitar "morrer de fome" em uma dieta?

O recomendável é realizar pequenas refeições no decorrer do dia, preferindo alimentos que contenham proteínas, carboidratos e fibras. É errado pensar que ficar horas sem comer é a melhor forma de se perder peso. Além de baixar o metabolismo, o que dificulta o emagrecimento, você acabará perdendo muita massa magra, ao invés de gordura, dando falsa impressão de emagrecimento. Outro detalhe é a impossibilidade de se permanecer muito tempo nesse tipo de dieta, pois a mesma proporciona mal-estar, fraqueza e muita fome, fazendo que a pessoa desista rapidamente.

Pode-se trocar uma refeição por suplementação?

É recomendável que se priorize a boa alimentação antes de tudo. A suplementação, como o próprio nome sugere, virá como um complemento. Mas nada impede que, eventualmente, pela correria do dia, ou pela falta de bons alimentos, se troque uma refeição pelo suplemento, contanto que isso não se torne uma rotina.

Capítulo 5

DICAS

CELULITE E GORDURA LOCALIZADA

CELULITE

A celulite é uma inflamação da célula, alteração caracterizada pelo aparecimento de "furinhos" ou "depressões", podendo estar presente em diversas regiões do corpo como braços, barriga, glúteos, pernas, entre outras.

As alterações nos níveis hormonais acabam sendo uma das influenciadoras para o seu aparecimento. Isso vem desde a adolescência, quando naturalmente o corpo começa a produzir maiores quantidades de hormônio feminino, causando um aumento de retenção de líquidos e gorduras em algumas determinadas regiões do corpo da mulher.

Existem outras situações que ajudam a desencadear a celulite: alimentação inadequada, predisposição hereditária, problemas hor-

monais, excesso de peso, sedentarismo, utilização de pílulas anticepcionais, de álcool e cigarro, má-circulação, etc.

A classificação da celulite é fundamentada na avaliação clínica, sendo observada três graus:

- *Grau 1 – Leve:* celulite percebida somente pela compressão do tecido entre os dedos ou da contração muscular voluntária. Nesta fase, é visível somente através de inspeção, e não há alteração da sensibilidade.
- *Grau 2 – Médio:* as depressões são mais visíveis, mesmo sem a compressão dos tecidos, já havendo alteração da sensibilidade.
- *Grau 3 – Alto:* o acometimento pode ser observado quando a pessoa estiver em qualquer posição. A pele fica enrugada e flácida. A pele, por apresentar-se cheia de relevos, assemelha-se a um "saco de nozes".

A celulite Grau 1 é sempre curável; o moderado é frequentemente curável, e o grave é considerado como incurável, ainda que passível de melhora.

Existem maneiras de prevenir e de combater a celulite:

- ingira bastante líquido, dando preferência para água e chás. Isso ajudará a combater a retenção hídrica;
- evite ficar em uma posição por muito tempo e sempre que for possível descanse as pernas para cima;
- pratique uma atividade física. Isso melhora a circulação e a perda de gordura. O sedentarismo diminui o consumo de energia pelo corpo, facilitando a transformação das sobras alimentares em gordura;
- adote uma alimentação saudável;
- diminua o sal e evite o açúcar; etc.

GORDURA LOCALIZADA

A gordura localizada, assim como a celulite, é um problema que atinge milhares de mulheres. Ela está localizada entre a pele e o músculo, ou seja, nos tecidos superficiais em diferentes partes do corpo, como nos quadris, glúteos, pernas, barriga, entre outras. Seu aparecimento pode ser notado tanto em pessoas acima do peso quanto naquelas dentro do peso. Há diversos fatores que contribuem para seu aparecimento, e dentre eles estão: sedentarismo, má alimentação, fatores hormonais, predisposição genética e metabolismo.

Uma excelente combinação para o combate desse mal seria associar:

- *Alimentação equilibrada:* uma alimentação inadequada, rica em gorduras, por exemplo, contribui muito para o aparecimento da gordura localizada, pois quando não utilizadas como fonte de energia, aumentam os estoques de gordura no corpo. Assim como ocorre com a gordura, a ingestão excessiva

de carboidratos e açúcar também aumenta a quantidade de gordura.

- *Musculação e atividades aeróbias:* a prática da musculação proporciona o fortalecimento e aumento dos músculos, resultando em um aumento do metabolismo, o que gera maior queima de gordura. Um trabalho aeróbio, juntamente com essa prática, ajuda a turbinar essa queima.
- *Tratamentos estéticos:* muitas vezes, mesmo com exercícios e alimentação regrada, ainda há aquela gordurinha e celulite que teme a sair. Para isso, pode-se utilizar os tratamentos estéticos (veja item a seguir).

TRATAMENTOS ESTÉTICOS

Existem inúmeros tratamentos estéticos que ajudam a combater a celulite e a gordura localizada que, associados a hábitos saudáveis e atividades físicas, proporcionam excelentes resultados. Conheça os principais:

- *Cremes:* há alguns cremes, mais concentrados que os cosméticos, que podem atuar nas camadas mais profundas da pele, ajudando no funcionamento das células.
- *Drenagem Linfática:* a drenagem linfática é uma massagem que pode ser feita manualmente ou com a ajuda de aparelhos, que auxiliam na eliminação de líquidos retidos, inchaços, toxinas, através da urina e transpiração.
- *Ultra-Som:* são ondas que penetram na pele agitando as partículas de água da região. Estas se colidem com as células gordurosas, facilitando a eliminação da gordura.

- *Mesoterapia:* injeções aplicadas dentro da pele com pequenas doses de medicamentos no local da celulite. A substância varia a cada caso, e costuma melhorar a circulação, a metabolização das gorduras e a produção de colágeno.
- *Endermologia:* trata-se de um aparelho destinado à modelagem do corpo, auxiliando na redução de celulites e gorduras localizadas.
- *Subincisão*: é um método cirúrgico sob anestesia local, realizado com o auxílio de uma agulha especial.

É importante frisar que existem inúmeros tratamentos estéticos, aparelhos, medicamentos, enfim, uma série de produtos, que prometem resultados fabulosos, porém não são todos que valem a pena. Por isso, se você deseja ter bons resultados, siga sempre a orientação de um profissional especializado antes de começar a fazer um tratamento.

COMO ADQUIRIR O ABDOME PERFEITO

Uma questão muito comum que ronda a cabeça das pessoas é: como conseguir o tão almejado abdome perfeito. Existem duas condições que possibilitam conseguir ver nossos músculos abdominais: 1) a baixa taxa de gordura abdominal é o que possibilita ver os músculos abdominais, portanto uma dieta equilibrada é indispensável e 2) o abdome delineado vem como resultado de exercícios abdominais.

Para conseguir alcançar essas duas condições acima, você deve observar as dicas a seguir.

NUTRIÇÃO

- *Siga uma dieta balanceada:* lembrando que mesmo que você realize uma quantidade grande de exercícios para essa região, você precisará diminuir a quantidade de gordura para que os músculos se tornem visíveis. Portanto, evite doces, fritura e alimentos gordurosos e dê lugar a carboidratos complexos (batata, macarrão, arroz, aveia, pão integral), proteínas saudáveis (peixe, peito de frango, clara de ovo, carne magra), frutas, verduras e muita água.
- *Fracione sua alimentação:* com pequenas refeições várias vezes ao dia, o organismo absorve o necessário para a utilização imediata, sem acumular gordura, pois quando esta quantidade é excessiva, o próprio organismo encarrega-se de eliminá-la. O mesmo não ocorre se uma pessoa é acostumada a ingerir poucas refeições com grandes quantidades de alimento. O organismo se adapta a absorver maiores quantidades de alimentos, pois o organismo passará por períodos de jejum, nos quais serão utilizados os substratos armazenados das refeições anteriores. Sendo assim, tudo que este mesmo indivíduo ingerir a mais será armazenado. Portanto, faça uma pequena refeição de 3 em 3 horas, no máximo. Assim, você estará fornecendo nutrientes continuamente para o seu corpo e acelerando o seu metabolismo.
- *Evite o consumo excessivo de carboidratos à noite:* durante a noite, estamos mais próximos ao nosso metabolismo de repouso, necessitando, assim, de uma menor quantidade de energia. A ingestão excessiva de carboidratos neste período proporciona um

aumento das reservas de gordura, fato indesejável para as pessoas que querem perder ou manter o peso. É importante que o jantar sempre seja uma refeição menos farta que o almoço.

EXERCÍCIOS AERÓBIOS

- *Faça exercícios aeróbios:* procure realizar esses exercícios pelo menos quatro vezes por semana com duração de 40 minutos cada um, se você quiser maximizar a queima de gordura. Um simples programa de exercícios seria fazer 45 minutos de corrida duas vezes por semana, alternando com bicicleta ou aparelho elíptico 50 minutos duas vezes por semana.
- *Realize o exercício aeróbio após a musculação:* a idéia é começar com a musculação, já que a modalidade exige mais da sua musculatura. Caso comece o treino na esteira, por exemplo, o rendimento na hora de levantar peso será menor. Isso não se aplica aos 10 minutos iniciais de aquecimento em um equipamento cardiovascular.
- *Evite ingerir isotônicos quando estiver se exercitando:* eles contêm açúcares, como a frutose, que aumentam a taxa de insulina e bloqueiam a queima de gordura.

TREINAMENTO

- *Treine os músculos abdominais:* um abdome delineado é o resultado de muitos exercícios. Recomendo treinar essa região pelo menos três vezes na semana, depois de ter terminado todas as séries de musculação. Tudo que você deve fazer é escolher dois

ou três diferentes exercícios e fazer 3-4 séries de 15-20 repetições cada uma.

- *Faça o exercício de forma correta:* é muito importante soltar o ar cada vez que for executar o exercício, pois os músculos abdominais não conseguem ser totalmente contraídos se o ar estiver retido nos pulmões. Portanto, você não conseguirá tirar o proveito máximo do seu exercício.
- *Diminua o tempo de repouso entre cada série:* diferente das outras partes do corpo que levam alguns minutos para se recuperar totalmente após uma série, o abdome se recupera em segundos. Pelo fato de a recuperação ser pequena, os abdominais respondem melhor a movimentos contínuos, por isso, para alcançar melhores resultados, delimite um intervalo ao redor de 30-45 segundos de repouso entre cada série, assim conseguirá que o seu exercício seja muito mais intenso e eficiente.

DICAS PARA COMBATER A RETENÇÃO DE LÍQUIDOS

A retenção de líquidos é um dos problemas mais comuns existentes entre as mulheres. Ela está ligada a uma acumulação anormal de toxinas em várias zonas do corpo. O nosso corpo possui mecanismos que trabalham para proporcionar um equilíbrio dos líquidos corporais, porém não é sempre que esta distribuição de água do sangue e da linfa são perfeitamente feitas, acabando por se acumular nos tecidos.

As causas podem ser desde alterações hormonais, falta de ingestão de líquidos e alto consumo de sal até o consumo excessivo de álcool. Ela pode se localizar em diferentes partes do corpo como barriga, braços, rosto, mãos, pés, nádegas, pernas e seios.

Veja dicas de como combater e prevenir o problema:

- faça drenagem linfática. Ela estimula os gânglios linfáticos, ajudando na eliminação de água retida no corpo;
- beba bastante água, assim, além de diminuir a retenção de líquidos, ajuda na lubrificação do intestino. Por isso, é essencial tomar pelo menos 2 litros por dia;
- evite o estresse, pois ele é um dos caminhos mais saudáveis para diminuir a retenção de líquidos, e a atividade física regular é um antídoto poderoso contra os efeitos do estresse;
- evite alimentos que retêm líquidos como embutidos e alimentos processados;
- evite o sal. Ele ajuda a reter líquidos;
- existem alimentos que contribuem no combate da retenção hídrica, em razão do seu poder diurético, diminuindo o inchaço: chás, suco de limão, melancia, morango, abóbora, agrião, beterraba, cenoura, escarola, folhas de beterraba, repolho, salsinha, tomate, entre outros.

Capítulo 6

RECEITAS CULINÁRIAS

Neste capítulo, separei algumas das receitas culinárias de que mais gosto e que podem ajudar a tornar a dieta mais gostosa, mas ainda pensando numa alimentação saudável e na boa forma:

RECEITAS SALGADAS

QUIBE ASSADO DE PATINHO

Ingredientes:
500g de trigo para quibe
1kg de patinho moído (deve ser moído duas vezes)
1 cebola grande ralada (ralo em formato de buraco)
Sal a gosto, tomate, azeitonas, pimenta do reino e vermelha e hortelã

Modo de preparo:
Lave o trigo e deixe-o de molho por 2 horas
Tempere a carne, separada do trigo, com os temperos, a cebola, as pimentas, sal e hortelã.
Depois que o trigo já estiver de molho por 2 horas, escorrê-lo bem e juntar com a carne.
Misturar bem com a mão, podendo colocar o trigo e a carne misturados no processador.
Coloque na forma uma camada do quibe já processado e faça um recheio de tomate, cebola ralada, azeitona, cheiro verde e pimenta.
Tire a semente do tomate para não juntar água.
Coloque o recheio e depois a segunda camada de quibe. Nessa segunda camada faça placas com a mão, colocando em cima do recheio.
Isso serve para não tirar o recheio.
Levar ao forno com temperatura entre 180 a 200°C. Quando estiver torradinho e dourado, está pronto.

SALMÃO AO FORNO

Ingredientes:
Filé de Salmão
Suco de Limão, para temperar
Salsinha, cebolinha picada
Verduras a sua escolha
Azeite de oliva

Modo de preparo:
Pré-aqueça o forno por 10min a uma temperatura média.
Pegue uma travessa e forre-a com papel alumínio. Coloque o salmão inteiro, as cebolas cor-

tadas em rodelas, a salsinha, a cebolinha e as verduras. Despeje o suco de limão no salmão e leve ao fogo médio. O segredo desta receita é não deixar cozinhar demais o salmão, e para saber disso basta pegar um garfo e furar levemente o salmão. Se ele estiver durinho, ainda não está pronto, mas se estiver macio é porque já está pronto. Depois de retirado do forno, acrescente um pouco de azeite de oliva e está pronto para servir.

HAMBURGUER DE FRANGO E AVEIA

Ingredientes do Hamburguer:

2½ xícaras (chá) de aveia em flocos
100g de frango cozido e desfiado
½ xícara de leite desnatado
1 ovo
1 cebola pequena ralada
1 colher de coentro, salsa, ambos picados
Sal a gosto

Ingredientes do Molho:

1 pote de iogurte natural desnatado
1 colher (sopa) de pepino ralado fino
1 colher (sopa) de coentro, salsa picados
Sal a gosto

Modo de preparo:

Hamburguer:

Misture delicadamente a aveia em flocos, com os demais ingredientes, e molde os hamburgueres com um centímetro de espessura. Coloque em um *grill* antiaderente e deixe até grelhar totalmente.

Molho:
Misture todos os ingredientes e sirva sobre os hambúrgueres, acompanhados de salada.

CARNE DE GELADEIRA *LIGHT* – CARNE LOCA

Ingredientes:
Lagarto em peça
½kg de tomate (sem pele)
1 cebola picada
1 pimentão cortado fino e miúdo
Sal, pimenta do reino e vermelha, cheiro verde
Orégano
Azeitonas picadas
½ copo de vinagre
½ copo de azeite extravirgem

Modo de preparo:
Cozinhar em uma panela de pressão, por mais ou menos 1 hora, um lagarto devidamente limpo, sem a capa de gordura, com sal e água e um maço de cheiro verde. Deixar esfriar e colocar na geladeira por 3 horas. Fazer um re-

fogado contendo: tomate (sem pele); cebola picada; pimentão cortado fino e miúdo; sal; pimenta do reino e vermelha e orégano. Refogar bem e deixar o molho engrossar. Quando tirar do fogo, juntar bastante cheiro verde picado, azeitonas picadas, ½ copo de vinagre e ½ copo de azeite extravirgem.

Montagem final:
Tirar da carne a geladeira e cortar em fatias bem finas. Em um pirex, colocar uma camada de fatias de carne e outra de molho, sucessivamente, a última sendo de molho. Guardar na geladeira e servir gelada.

OMELETE SALGADO DE CLARAS

Ingredientes:
7 claras + 1 ovo inteiro
Legumes variados à vontade
Temperos a gosto: Salsinha, orégano, rúcula, tomate

Modo de preparo:
Bata as claras em neve até ficar com uma consistência firme. Acrescente a gema e misture bem. Misture os legumes, os temperos e o sal a gosto. Leve tudo em uma frigideira de Teflon, pré-aquecida e sem óleo. Deixe em fogo baixo e coloque por cima uma tampa. Quando começar a dourar em baixo, troque de lado o omelete, e quando estiver pronto, retire-o da panela
Observação: Dependendo da pessoa e da quantidade de proteína que deseja ingerir, você poderá aumentar a quantidade de claras.

Se quiser, pode acrescentar peito de peru picado ou, até mesmo, atum.

SANDUÍCHE DE FORNO QUENTE *LIGHT*

Ingredientes:
6 fatias de pão de forma *light*
200g de queijo *cottage*
10 colheres sopa de leite desnatado
½ xícara chá de pimentão vermelho em tiras
200g de peito de peru em cubos pequenos
2 tomates
1 colher chá de azeite de oliva
1 colher chá de orégano
1 pitada de sal

Modo de preparo:
Forre um refratário com as fatias de pão. Coloque sobre o pão o queijo *cottage*. Distribua o pimentão em tiras por cima e enfeite com o peito de peru e o tomate. Regue com azeite de oliva e salpique o orégano e o sal. Leve ao forno médio por cerca de 15 minutos para esquentar bem.

POLPETONE DE CARNE *LIGHT*

Ingredientes da massa:
300g de carne moída de patinho
1 cebola pequena ralada
1 dente de alho amassado
2 fatias de pão *light* dissolvido com 1 colher (sopa) de água
1 clara

Salsa e cebolinha picadas a gosto
Sal e pimenta-do-reino a gosto

Ingredientes do recheio:
150g de queijo *cottage* picado

Ingredientes do molho:
1 cebola pequena ralada
1 colher (sopa) de óleo de canola
1 lata de tomate pelado, sal, salsa e orégano a gosto

Modo de preparo:
Numa tigela, junte todos os ingredientes da massa e misture até ela ficar firme e homogênea. Com uma porção de massa, forme bolinhas, achate-as, coloque queijo *cottage* e feche, modelando-as. Feche bem, formando o polpetone. Coloque-os em assadeira untada com um pouco de óleo e leve para assar em forno médio, pré-aquecido, por 15 a 20 minutos. Depois, retire-os, vire-os e retorne-os ao forno para acabar de assar. Para o molho: aqueça o óleo, refogue a cebola e junte os demais ingredientes. Deixe o molho reduzir e desligue. Sirva os polpetones regados com o molho e polvilhe-os com salsinha picada.

ALMÔNDEGAS *LIGHT*

Ingredientes da almôndega:
250g de patinho moído
1 cebola pequena ralada
1 dente de alho espremido, sal a gosto
1 clara de ovo
1 pãozinho sem casca, de molho no leite desnatado

Ingredientes do molho
1 cebola pequena picada
1 dente de alho picado
6 tomates maduros picados, sem pele e sem sementes, sal e pimenta a gosto, salsa a gosto
1 galhinho de manjericão

Modo de preparo:
Almôndegas: Coloque o pão, já fatiado, de molho no leite. Esprema bem e junte à carne. Misture bem todos os ingredientes à mão, de modo a amalgamar todos os ingredientes. Faça bolinhas.

Molho:
Refogue o alho e a cebola com água em uma panela anti-aderente. Junte os tomates picados. Tempere com sal, pimenta e manjericão. Junte um pouco de água assim que os tomates estiverem ficando molinhos. Espere engrossar e coloque as almôndegas para cozinhar. Feche a panela e deixe que cozinhem sem mexer.

CARNE MOÍDA COM LEGUMES

Ingredientes:
500g de patinho moído
Sal e pimenta-do-reino a gosto
1 cebola média picada
4 dentes de alho picados
1 tomate médio picado
1 cenoura média cortada em rodelas
1 chuchu médio cortado em cubos pequenos
1 ½ xícara (chá) de vagem picada
½ xícara (chá) de água
1 colher (chá) de orégano

Modo de preparo:

Tempere a carne com sal e pimenta-do-reino a gosto. Em uma panela grande, refogue a cebola, o alho e o tomate. Acrescente a carne moída, refogando-a. Adicione os legumes (cenoura, chuchu e vagem) e a água. Deixe ferver. Reduza a chama e cozinhe, mexendo de vez em quando, até a carne cozinhar (cerca de 30 minutos). Desligue o fogo e acrescente o orégano, misturando-o bem. Deixe a panela tampada por 5 minutos e sirva a seguir.

MACARRÃO *LIGHT* DE FORNO

Ingredientes:

300g de macarrão parafuso integral cozido *al dente*
3 tomates cortados em pedaços
1 xícara (chá) de água
1 cenoura picada em cubos
1 talo de salsão picado
1 cebola picada
1 dente de alho picado
1 galho de alecrim fresco
2 colheres (sopa) de margarina *light*
Sal e pimenta-do-reino a gosto
200g de queijo *cottage*
1 colher (sopa) de queijo ralado

Modo de preparo:

Leve uma panela ao fogo e acrescente água, tomate, cenoura, salsão, cebola, alho e alecrim. Cozinhe tudo até ficar macio. A seguir, bata no liquidificador e coe na peneira. Retorne esse caldo no fogo e adicione margarina, sal e pimenta. Em um refratário, coloque o macarrão cozido *al dente*, regue o caldo de legumes, o queijo *cottage* e o queijo ralado. Leve para gratinar por 15 minutos.

MOLHO DE IOGURTE *LIGHT* COM HORTELÃ

Ingredientes:
1 pote de iogurte desnatado
1 colher (sopa) de hortelã fresca picada
½ colher (chá) de pimenta-do-reino
1 colher (sobremesa) de suco de limão
1 colher (chá) de azeite
Sal a gosto
Água (suficiente para diluir)

Modo de preparo:
Misture bem todos os ingredientes e acrescente a água no final, para tornar a consistência mais diluída.

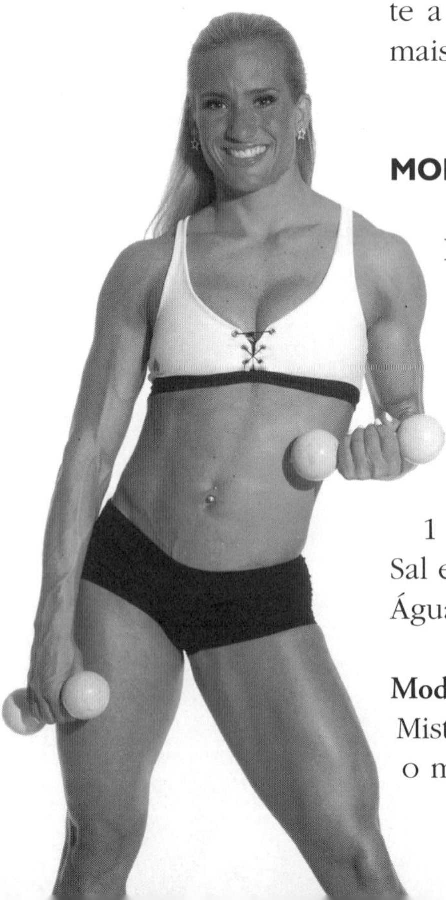

MOLHO DE MOSTARDA *LIGHT*

Ingredientes:
1 dente de alho amassado
2 colheres (sopa) de suco de limão
3 colheres (sobremesa) de molho de mostarda
1 colher (sobremesa) de azeite de oliva
1 pote de iogurte desnatado
1 envelope de adoçante
Sal e pimenta-do-reino a gosto
Água (suficiente para diluir)

Modo de preparo:
Misture em uma tigela o alho, o suco de limão, o molho de mostarda, o adoçante e o azeite.

Depois, adicione o pote de iogurte, a pimenta e o sal. Mexa bem até obter uma consistência homogênea. Finalmente, acrescente água até ficar na consistência de um molho fino.

MOLHO *LIGHT* VERMELHO

Ingredientes:
1 pote de iogurte natural desnatado
2 colheres (sobremesa) de massa de tomate
1 colher (sobremesa) de *catchup*
1 alho bem picado
1 colher (chá) de orégano
Sal a gosto
Água (suficiente para diluir)

Modo de preparo:
Misture todos os ingredientes ao iogurte e mexa bem, até ficar com coloração homogênea. Por último, acrescente a água para tornar o molho mais diluído.

BATATA RECHEADA COM CARNE MOÍDA

Ingredientes:
2 batatas médias cozidas

Ingredientes do recheio:
200g de carne magra moída
1 cebola picada
1 dente de alho picado
2 tomates picados sem pele e sem sementes
½ xícara (chá) de queijo *cottage*
Orégano a gosto
1 colher (sopa) de margarina *light*
20g de queijo ralado
Sal a gosto

Modo de preparo:

Lave bem a batatas e leve-as para cozinhar inteiras na água com sal. Reserve. A seguir,, derreta a margarina e refogue a carne moída temperada com sal e orégano. Acrescente a cebola, o alho e os tomates. Deixe refogar até ficar espesso. Corte as batatas ao meio, retire um pouco da polpa, amasse bem, misture com o queijo *cottage* e o refogado da carne moída. Cubra as batatas com o recheio e leve ao forno para gratinar.

PEIXE ASSADO COM LEGUMES

Ingredientes:

2 cebolas grandes cortadas em rodelas
6 filés de peixe (merluza ou pescada)
3 colheres (sopa) de margarina *light*
1 colher (chá) de sal
1 colher (café) de pimenta-do-reino
6 tomates (sem pele e sem sementes) picados
1 xícara (chá) de salsão picado
2 xícaras (chá) de cenouras cozidas cortadas em rodelas
4 xícaras (chá) de batatas cozidas cortadas em cubos

Modo de preparo:

Coloque as cebolas no fundo de uma fôrma grande. Coloque os filés por cima. Passe 1 ½ colher (sopa) de margarina nos filés e acrescente o sal, a pimenta e os tomates. Asse em forno médio durante 15 minutos. Junte os legumes e cubra com o restante da margarina . Asse por mais 20 minutos. Sirva a seguir.

SOPA DE AVEIA

Ingredientes:
1 litro de água
1 cubo de caldo de galinha ou carne
1 xícara de aveia em flocos
1 colher de sopa de margarina light

Modo de preparo:
Leve ao fogo, numa panela ou caldeirão, a água e o caldo de galinha. Depois de ferver por 3 minutos e junte a aveia. Deixe cozinhar por mais 5 minutos. Leve a margarina ao fogo numa frigideira. Depois, junte a margarina à sopa, assim que a aveia estiver cozida e desligue o fogo.

PIZZA DE AVEIA

Ingredientes da massa:
½ xícara (chá) de farinha de trigo
½ de (chá) de aveia fina
½ (chá) de leite
½ (chá) de óleo de milho
1 colher (chá) de sal marinho

Ingredientes do recheio:
1 cebola média picada
1 dente de alho amassado
2 tomates sem pele e picados
200g de frango desfiado ou pescado
2 colheres (sopa) de molho de tomate
10 azeitonas verdes picadas
3 colheres (sopa) de cebolinha picada
3 colheres (sopa) de salsinha picada
1 ½ colher (sobremesa) de sal marinho
Pimenta a gosto

Modo de preparo:

Massa:
Misture todos os ingredientes em uma vasilha. Amasse bem até obter uma massa firme. Unte uma forma para pizza e estenda a massa com as mãos. Fure a massa com o garfo. Asse em forno pré-aquecido (220ºC).

Recheio:
Cozinhe o frango e depois deixe em água morna com o suco de limão, por 10 a 15 minutos. Em separado, refogue a cebola e o alho na água, junte os tomates, o sal e a pimenta. Acrescente o frango desfiado e refogue por 15 minutos. Por último, adicione o molho de tomate, as azeitonas e o cheio verde. Cubra a massa com o recheio. Se preferir, salpique queijo ralado.

RECEITAS DOCES

BANANA ASSADA COM CANELA E ADOÇANTE

Ingredientes:
5 bananas nanicas sem casca
5 colheres (chá) de canela em pó
5 colheres (sobremesa) de adoçante em pó de forno e fogão

Modo de preparo
Corte as bananas ao meio, no sentido do comprimento. Coloque ½ colher (chá) de canela e 1 colher (sobremesa) de adoçante em pó. Leve ao forno elétrico ou fogão, por cerca de 8 minutos, para dourar. Sirva quente.

ABACAXI GRELHADO *LIGHT*

Ingredientes:
1 fatia grossa de abacaxi
1 colher (sobremesa) de adoçante em pó de forno e fogão
1 colher (café) de suco de limão
1 colher (sopa) de granola

Modo de preparo:
Retire o miolo da fatia do abacaxi. Polvilhe com adoçante e deixe descansar por 10 minutos. Coloque em um refratário com o suco que se formou e o suco de limão. Leve ao forno quente por 15 minutos até o ponto de caramelo. Arrume em um prato e polvilhe com granola. Sirva quente.

MOUSSE DE LARANJA *DIET*

Ingredientes:
12g de gelatina branca em pó sem sabor
¼ xícara (chá) de água
1 xícara (chá) de suco de laranja
Adoçante em pó a gosto
150g de geléia de laranja *light*
½ xícara (chá) de iogurte natural *light*
2 claras batidas em neve
Decore com geléia de laranja *light*

Modo de Preparo:
Coloque a gelatina numa panela pequena, regue com a água e deixe descansar por 5 minutos até amolecer. Leve ao fogo brando e mexa sempre, até a gelatina derreter completamente. Tire do fogo. No copo do liquidificador, coloque o suco de laranja, o adoçante, a geléia, o iogurte e a gelatina derretida. Bata por cerca de 3 minutos ou até obter uma mistura homogênea. Coloque a mistura numa tigela, cubra com filme plástico e deixe na geladeira até ficar firme. Passe a mistura para o copo do liquidificador e bata novamente. Coloque numa tigela, junte as claras em neve e, com uma espátula, misture delicadamente, sem bater, fazendo movimentos de baixo para cima. Distribua a musse em 10 taças individuais, e leve para gelar por pelo menos 2 horas. Decore com geléia de laranja *diet*.

FROZEN IOGURT DE ABACAXI

Ingredientes:

½ litro de suco de abacaxi
1 envelope de gelatina sem sabor incolor
2 xícaras (chá) de iogurte desnatado
Adoçante em pó a gosto
Tiras de abacaxi para enfeitar

Modo de preparo:

Coloque em uma tigela o suco de abacaxi, a gelatina dissolvida em água conforme a embalagem, o iogurte e o adoçante. Bata com um batedor manual até a mistura ficar homogênea. Cubra a tigela com um filme plástico e leve ao congelador por 2 horas. Retire. Bata a mistura na batedeira por 5 minutos. Volte ao congelador por mais 2 horas. Retire, misture com uma colher e distribua em taças. Decore com tiras de abacaxi.

ARROZ DOCE *DIET*

Ingredientes:

½ xícara chá de arroz branco ou integral lavado e escorrido
2 xícaras chá de água
Canela em pau e cravo-da-índia a gosto
1 maçã pequena ralada (no ralo grosso)
1 xícara chá de leite desnatado
Adoçante a gosto
Canela em pó a gosto

Modo de preparo:

Cozinhe o arroz com a água, a canela em pau, os cravos e a maçã. Quando o arroz es-

tiver cozido, adicione o leite e mexa bem, até obter um creme espesso. Se necessário, cozinhe por mais 5 minutos. Retire do fogo e deixe esfriar. Adoce, coloque em potes de sobremesa e polvilhe com canela em pó. Sirva gelado.

GELATINA PROTÉICA

Ingredientes:
1 caixa de gelatina *diet*
2 doses de *whey protein*

Modo de preparo:
Prepare a gelatina normalmente. Quando o pó dela estiver derretido em toda a água, acrescente aos poucos as doses de *whey protein*, mexendo sempre, para não empelotar. Leve a gelatina à geladeira até endurecer, e então estará pronta para comer.

PANQUECA PROTÉICA DE AVEIA E BANANA

Ingredientes:
7 claras de ovo + 1 ovo inteiro
30-40g de aveia
1 banana

Modo de preparo:
Bata as claras em neve, depois acrescente o ovo inteiro batendo novamente e, no final, coloque a aveia. Depois de ter misturado tudo, leve a massa ao fogo em uma panela de Teflon pré-aquecida, sem colocar nada de óleo. No começo, use fogo alto para não grudar. Assim

que se formar uma casca no fundo, diminua o fogo e leve uma tampa em cima para cozinhar por igual. Retire do fogo quando tiver cozido. Acrescente por cima a banana e, se desejar, canela e adoçante em pó.

PUDIM DE LIMÃO HIPERPROTÉICO

Ingredientes:
12 claras de ovos
1 gema
1 envelope de suco em pó *light/diet* de limão

Modo de preparo:
Bata as claras em neve. Quando ficar consistente, adicione a gema, bata por mais alguns instantes e adicione meio pacote de suco *light* de limão. Leve ao forno microondas por, aproximadamente, 5 minutos e leve à geladeira para esfriar.

BOLO INTEGRAL DE NOZES E MAÇÃ

Ingredientes:
3 xícaras de farinha integral
1 xícara de açúcar mascavo
1 copo de óleo de canola
100g de nozes picadas
50g de uva-passa
3 maçãs fuji grandes
2 colheres de café grande de fermento em pó

Modo de preparo:
Pré-aqueça o forno a uma temperatura média. Unte uma forma grande redonda com mantei-

ga e farinha de trigo. Corte uma maça em fatias finas e pequenas e as outras duas em cubos grandes. Coloque no liquidificador os cubos grandes de maça, o óleo e o açúcar e misture bem tudo. Depois, despeje o conteúdo em uma vasilha grande e junte a farinha integral, misturando o tempo todo para ficar homogêneo. Acrescente depois as nozes, a uva-passa e o fermento em pó. Misture até ficar bem liso, coloque na forma e leve ao forno em temperatura média.

OMELETE DOCE DE CLARAS

Ingredientes:

7 claras de ovo + 1 ovo inteiro
1 colher de sopa adoçante em pó (próprio para cozinhar)
1 banana fatiada
Uvas-passas brancas e pretas
Maçã picada
Canela e adoçante a gosto (depois de pronto)

Modo de preparo:

Bata as claras em neve e acrescente o ovo inteiro e adoçante, batendo novamente. Depois de misturado tudo, leve ao fogo a massa em uma panela Teflon pré-aquecida, sem óleo, e acrescente por cima as frutas picadas. Deixe em fogo baixo e coloque por cima uma tampa. Quando começar a dourar em baixo, troque de lado o omelte, e quando estiver pronto, retire-o da panela. Acrescente por cima canela e adoçante em pó.

MOUSSE DE LIMÃO *DIET* HIPERPROTEÍCO

Ingredientes:

½ xícara de água quente
1 pacote de gelatina sabor limão *diet*
4 claras em neve
2 colheres sopa de adoçante
2 colheres sopa de suco de limão
½ xícara de leite em pó desnatado
¼ xícara de água

Modo de preparo:

Dissolva a gelatina em ½ xícara de água, leve a geladeira até o ponto de clara de ovo. Bata as claras em neve e adicione o adoçante. Misture bem o leite em pó, o suco de limão e ¼ xícara de água. Adicione o leite e a gelatina às claras, mexendo delicadamente.

MOUSSE DE CHOCOLATE *DIET* (recomendada para diabéticos)

Ingredientes

200g de chocolate *diet*
3 colheres de sopa de adoçante em pó
3 colheres de sopa de água
2 claras em neve
1 envelope de gelatina em pó sem sabor
1 copo de iogurte desnatado ou leite de soja *light*
2 colheres de sopa de leite em pó desnatado

Modo de preparo:

Derreta 150g do chocolate em banho maria no fogo baixo. Polvilhe a gelatina na água e leve ao fogo, em banho maria, para derreter. Coloque a gelatina no liquidificador e junte o iogurte, o adoçante e o leite. Bata até obter uma massa homogênea. Junte a essa mistura as claras e mexa delicadamente. Acrescente o chocolate derretido e distribua essa mistura em seis taças. Leve à geladeira por 1 hora. Antes de servir, decore com o restante do chocolate cortado em raspas.

PANQUECA DE MAÇÃ

Ingredientes da massa:
2 ovos
½ xícara (chá) de farinha de trigo
1 pitada de sal
½ xícara (chá) de leite desnatado
½ xícara (chá) de água
1 colher de (sopa) de margarina *light* derretida

Ingredientes do recheio:
3 maçãs
2 colheres (sopa) de adoçante para forno e fogão
2 colheres (sopa) de suco de limão
½ xícara (chá) de uvas passas picadas
½ xícara (chá) de nozes picadas
½ lata de creme de leite *light*

Ingredientes do creme de chocolate:
½ lata de creme de leite *light*
100g de chocolate em barra *diet*

Modo de preparo:
Massa: Bata todos os ingredientes no liquidificador. Coloque a massa em um recipiente, tampe e leve à geladeira por 30 minutos. Retire da geladeira, misture bem, frite as panquecas

em frigideira antiaderente untada, dourando os dois lados.

Recheio: Descasque as maçãs, retire as sementes e corte-as em fatias finas. Cozinhe-as numa panela junto com adoçante para forno e fogão, em água fervente, e o suco de limão por 5 minutos. Escorra as maçãs, junte as uvas passas previamente fervidas e escorridas e as nozes. Pincele cada panqueca com creme de leite *light* e coloque um pouco de recheio. Enrole as panquecas e as coloque em uma travessa ou pratos individuais.

Creme de chocolate: Aqueça o creme de leite *light* até obter fervura. Tire do fogo, coloque o chocolate picado e mexa até derreter.

Capítulo 7

CONSIDERAÇÕES FINAIS

A elaboração deste livro representa uma realização pessoal. O meu desejo sempre foi de poder um dia compartilhar da experiência de atleta adquirida ao longo da carreira, levando conhecimento sobre o mundo do *fitness* e a importância de adotar um estilo de vida saudável e encorajando de alguma maneira outras pessoas a entrar em forma. Espero que através dele tenha conseguido concretizar esse desejo.

Admiro todas as mulheres que têm iniciativa de dar um passo à frente para ficar com um corpo bonito. Emagrecer não é uma tarefa fácil, pelo contrário, exige muita força de vontade, persistência e determinação. Lembre-se que uma das chaves para o sucesso é não ter pressa com os resultados; a perda de peso, para ser duradoura e benéfica para a saúde, deve ser gradual e baseada na reeducação alimentar. Não se esqueça, também, que cada pessoa possui um corpo diferente e, por isso, a dieta não é uma fórmula aplicável para todas as pessoas.

Melhorando a aparência e a saúde, seu nível de segurança e confiança em si irão aumentar, e isso influencia todos os aspectos da sua vida.

A boa dieta é aquela em que você se sente forte, saudável e viva por dentro!

Seja disciplinada, crie objetivos, mantenha o foco e, sobretudo seja feliz!

PATROCINADOR

www.dna.ind.br
Fone (35) 3712-4516

EQUIPE

Claudia Gomes e Marcelo Borelli
Coreógrafa e Preparador Físico da Coreografia
Contato: m.c.borelli@uol.com.br

Waldemar Guimarães - Preparador de Atletas
Contato: mtotal@sercomtel.com.br
www.waldemarguimaraes.com.br

André Knoufi - Terapeuta Corporal
Contato: andreterapeuta@yahoo.com.br
Fone: (11) 8266-8877

Celo Braga - Personal Trainer
Contato: celoobraga@hotmail.com / Fone: (11) 8101-3018

Mauro Breda - Técnico de Ginástica Olímpica
Contato: yashi@yashi.com.br / Fone: (11) 3812-3985

Rodolfo Peres - Nutricionista
Contato: nutricionista_rodolfoperes@yahoo.com.br

Andréa Cunha - Roupas
Contato: andrea@andreacunha.com.br / www.andreacunha.com.br
Fone: (11) 3722-5401

CONTATO - LOANA MUTTONI

contato@loanamuttoni.com.br
www.loanamuttoni.com.br

D.N.A.

Impresso em off set

HR Gráfica e Editora

Rua Serra de Paracaina, 716 - Moóca
Cep: 03107-020 - São Paulo - SP.
Fone: 3341–6444
E-MAIL - hr.grafica@terra.com.br

com filmes fornecidos pelo editor